Die Goethezeit

Andrea Ressel

Die Goethezeit

Autoren – Werke – Wirkung

PETER LANG
EDITION

Bibliografische Information der Deutschen Nationalbibliothek
Die Deutsche Nationalbibliothek verzeichnet diese Publikation
in der Deutschen Nationalbibliografie; detaillierte bibliografische
Daten sind im Internet über http://dnb.d-nb.de abrufbar.

Umschlagabbildung:
Theobald von Oer (1807–1885): *Der Weimarer Musenhof.*
Schiller in Tiefurt dem Hof verlesend
bpk / Nationalgalerie, SMB / Jörg P. Anders

ISBN 978-3-631-64898-8 (Print)
E-ISBN 978-3-653-03945-0 (E-Book)
DOI 10.3726/978-3-653-03945-0

© Peter Lang GmbH
Internationaler Verlag der Wissenschaften
Frankfurt am Main 2013
Alle Rechte vorbehalten.
Peter Lang Edition ist ein Imprint der Peter Lang GmbH.

Peter Lang – Frankfurt am Main · Bern · Bruxelles · New York ·
Oxford · Warszawa · Wien

www.peterlang.com

Inhalt

I. Basismodul 1: Literaturwissenschaftliche Vorbemerkungen

1. Zum Epochenbegriff Goethezeit

Die Goethezeit gehört zu den glanzvollsten Epochen der deutschen Literaturgeschichte und das literarische Vermächtnis aus der Zeit um 1800 fasziniert seit jeher Philologen und Geisteswissenschaftler, die diese Phase immer wieder neu entdecken und wissenschaftlich aufarbeiten. Es waren Autoren und Autorinnen wie Johann Wolfgang von Goethe (1749–1832) und Friedrich von Schiller (1759–1805) sowie Johanna Schopenhauer (1766–1838) und Caroline von Wolzogen (1763–1847), die durch ihre Werke und ihr Wirken die Weiterentwicklung der deutschsprachigen Literaturgeschichte nachhaltig prägten. Heutzutage sind viele literarische Werke, die in der Zeit von 1770 bis 1830 entstanden sind, ein zentraler Bestandteil der schulischen Lehrpläne. Auch für Studierende der germanistischen Literaturwissenschaft sind die Werke der Goethezeit als Seminar- und Prüfungsstoff überaus beliebt, da bereits schulische Grundkenntnisse vorhanden sind.

Doch die Beliebtheit für die Literatur der Goethezeit ist keineswegs als ein Phänomen des 21. Jahrhunderts zu betrachten, denn bereits zu Lebzeiten Goethes erfuhren seine Werke eine hohe Auflagenzahl. Es war die Veröffentlichung von *Die Leiden des jungen Werther* (1774) mit der Goethe einen Erfolg erfuhr, der bis dahin ungewöhnlich in der deutschsprachigen Literaturgeschichte war. Das in der Folge einsetzende „Werther-Fieber" führte nicht nur zu einer Nachahmung des Kleidungsstils in Anlehnung an Goethes Werther, sondern bewirkte ein wachsendes Leseinteresse und machte im europäischen Ausland stärker als je zuvor auf die deutschsprachige Literatur aufmerksam. Bereits in der damaligen Zeit wurde Goethe als die literarische Gestalt des ausgehenden 18. Jahrhunderts angesehen und die Spuren des „Goethe-Kult" prägen noch heute vielerorts das Stadtbild. So gibt es eine Vielzahl an öffentlichen Plätzen und Straßen die den Namen des Weimarer Autors tragen und sich über ganz Deutschland erstrecken; sie wurden aus Ehrung gegenüber seinem literarischen Schaffen errichtet und sind kaum noch zu überblicken. Es zeigt sich, dass Goethe auch heutzutage noch als eine der bedeutendsten Gestalten der Literaturgeschichte betrachtet wird. Auch mangelt es im akademischen Betrieb nicht an wissenschaftlichen Tagungen und Publikationen, in denen das Werk und Wirken von Goethe immer wieder neu beleuchtet wird.

Von Seiten der Literaturwissenschaft entdeckte man in jüngster Vergangenheit, dass die in der Zeit von 1770 bis 1830 veröffentlichten Werke eine Vielzahl an charakteristischen Merkmalen und Besonderheiten in sich tragen, die vor allem in diesem Zeitabschnitt aufzufinden sind und sich doch unter einer Epoche zusammenfassen lassen. Nach dem gängigem Verständnis vieler Literaturwissenschaftler wird der Begriff der Goethezeit als Epochenbezeichnung für die Zeit von 1770 bis 1830 verwendet (vgl. Titzmann 1983, 115). Bereits zu Lebzeiten Goethes unterbreitete Heinrich Heine (1797–1856) den Vorschlag, die Epoche „die mit dem Erscheinen Goethes anfängt" (HG 10, 239) und „bey seinem Sarge aufhören wird" (HG 12/1, 47), doch als Goethezeit zu bezeichnen. Doch Heines Vorschlag hinsichtlich der Epochenbezeichnung wurde erst in den nachfolgenden Jahren aufgegriffen und führte innerhalb der Literaturwissenschaft zu kontroversen Diskussionen. So konnte man sich bis weit in die Mitte des 20. Jahrhunderts innerhalb der Literaturwissenschaft nicht darauf einigen, auf welchen Zeitraum sich die Epoche eingrenzen lässt. Innerhalb der wissenschaftlichen Debatten wurde der Begriff der Goethezeit als Epochenbezeichnung sogar radikal angezweifelt und erfuhr heftige Kritik.

Dennoch konnte sich die Verwendung der Epochenbezeichnung Goethezeit durchsetzen und hält sich nun schon über viele Jahrzehnte in der Literaturwissenschaft, was natürlich auch auf gute Argumente zurückzuführen ist. Es war vor allem die in den vergangenen Jahren einsetzende Weiterentwicklung des Epochenbegriffs Goethezeit, durch die überzeugend verdeutlicht werden konnte, dass der Zeitabschnitt von 1770 bis 1830 klar „abgrenzbare ‚Tendenzen'/‚Richtungen'" (Titzmann 1983, 115) in sich trägt und als solches eine homogene Einheit darstellt. Mit anderen Worten: Die einschlägigen Forschungsergebnisse, die in jüngster Zeit vorgelegt wurden, lassen erkennen, dass es durchaus berechtigt ist, die Epochenbezeichnung der Goethezeit zu verwenden. Dennoch verdeutlichen die unterschiedlichen Auffassungen, dass es sich bei Epocheneinteilungen um heuristische Konzepte handelt und so kann es jederzeit passieren, dass innerhalb der Literaturwissenschaft neuartige epochale Strukturierungen der Literatur des späten 18. und frühen 19. Jahrhunderts unterbreitet werden, die dann von der science community ihre Akzeptanz finden und frühere Epochenbezeichnungen ablösen. Es lässt sich also schwer voraussagen, ob in einigen Jahren im Bereich der germanistischen Literaturwissenschaft Lehrveranstaltungen über die Goethezeit angeboten werden oder ob eine andere Bezeichnung für die Zeit von 1770 bis 1830 in den Vorlesungsverzeichnissen erscheinen wird. Dabei ist es gerade die ständig bestehende Möglichkeit der Veränderung von Epocheneinteilungen, die die literaturwissenschaftliche Arbeit so immens spannend macht. So verrät auch ein Blick in die gängigen literaturwissenschaftlichen Lexika und Allgemeinenzyklopädien, dass es noch an einer Aufnahme des Epochenbegriffs Goethezeit mangelt, was den innovativen Charakter der Epochenbezeichnung bekräftig. Obgleich überzeugend nachgewiesen wurde, dass es sich bei dem Begriff Goethezeit um eine Sammelbezeichnung für eine spezifische Strömung der deutschsprachigen Literatur mit bestimmten epochentypischen Merkmalen handelt, so wird die Epochenbezeichnung noch immer recht zögerlich verwendet. So wurden in jüngster Vergangenheit eine Reihe an Detailarbeiten zu einzelnen Autoren und Texten sowie zu einzelnen Fragestellungen und Problemlagen der Goethezeit verfasst, doch fehlt es bislang an einer übersichtlichen Gesamtdarstellung zu dieser literaturhistorischen Periode.

Das vorliegende Werk soll daher dazu dienen, einen verständlichen Einblick in die „Blütezeit" der deutschsprachigen Literaturgeschichte zu erhalten. Vor diesem Hintergrund werden anhand der literarischen Entwicklungen in den Bereichen Epik, Lyrik und Dramatik die wesentlichen Merkmale sowie die Entwicklungsprozesse der Epoche herausgestellt. Es war gerade die Goethezeit, in der sich die – mitunter auch umstrittene – Einteilung der Literatur in drei Hauptgattungen herausbildete und somit eine literarische Systematisierung geschaffen wurde, die noch heute ihre Anwendung findet (vgl. D'Aprile/Siebers 2008, 129). Doch das Besondere an der Goethezeit war, dass eine Vielzahl an literarischen Innovationen hervortraten und das Gattungsspektrum dadurch auch erweitert wurde. Im Folgenden sollen die verschiedenen Facetten der Goethezeit und die weitreichende Wirkungsgeschichte der Epoche verdeutlicht werden. Der Blick in die Literaturgeschichte soll dazu dienen, ein besseres Verständnis davon zu gewinnen, auf welchen Wurzeln die heutige Literatur aufgebaut ist und so gilt es, vertiefte Erkenntnisse über die Entwicklung der deutschsprachigen Literatur zu erhalten.

2. Phasengliederung und Periodisierung

In der Literaturwissenschaft wird generell davon ausgegangen, dass es sich bei Epocheneinteilungen um Konstrukte handelt, die dazu dienen, die zahllosen literarischen Werke in eine sinnvolle Ordnung zu bringen, um so die literarischen Entwicklungsprozesse besser deuten zu können. Vor diesem Hintergrund dienen Epocheneinteilungen vor allem dazu, die in den literarischen Texten vorhandenen gemeinsamen Merkmale zu einer Einheit zusammenzufügen und von früheren Epochen abzugrenzen, somit auch die Veränderungen innerhalb des Literatursystems sichtbar machen zu können. Was die Einteilung erschwert ist die Tatsache, dass es eine Reihe an unterschiedlichen, schwer voneinander abgrenzbaren Bewegungen und Tendenzen gibt, die nach- und nebeneinander verlaufen. So ist innerhalb der Literaturwissenschaft etliche Male bestritten worden, ob es überhaupt möglich sei, die

Goethezeit überzeugend zu definieren und zeitlich einzugrenzen. Die vielfältigen Forschungsergebnisse, die in jüngster Vergangenheit vorgelegt wurden, haben jedoch überzeugend bewiesen, dass die Jahre 1770 und 1830 als die untere und die obere zeitliche Grenze der Epoche anzusehen sind. Die vorgenommene Epocheneingrenzung ist freilich mit guten Argumenten zu begründen. So entstehen im deutschsprachigen Raum im Zeitraum von 1770 bis 1830 die zentralen literarischen Texte, die der Goethezeit zugeordnet werden können und es werden die wichtigsten dramatischen Werke der Epoche auf der Bühne aufgeführt. Freilich bleibt die Literatur der Zeit um 1800 nicht unberührt von gesellschaftlichen Entwicklungen und politischen Veränderungen, die den Werdegang der Epoche beeinflussen und so bilden sich im Verlauf der Goethezeit unterschiedliche Stilrichtungen und Tendenzen innerhalb des Literatursystems heraus. Um eine solche Fülle an Strömungen in der Literatur um 1800 dennoch unter einer Kategorie zusammenfassen zu können, ist von der Forschung immer wieder der Begriff der Goethezeit als übergreifende Epochenbezeichnung lanciert worden (vgl. Korff 1923). Dennoch werden viele literarische Texte, die in jenen Jahren publizierten wurden und die sich auch heute noch einer großen Beliebtheit erfreuen, nicht zur Goethezeit subsumiert, denn die Epoche ist halt eine von vielen ihrer Zeit, die nebeneinander herlaufen und sich überlappen. Es ist gerade die Goethezeit, die innerhalb der Literaturgeschichte von einer außergewöhnlichen Gleichzeitigkeit der Ungleichzeitigkeit gekennzeichnet ist. So werden für die unterschiedlichen Ausprägungen des literarischen Lebens um 1800 zahlreiche Epochenkategorien verwendet, zu denen ‚Sturm und Drang‘, ‚Klassik‘, ‚Romantik‘ – und nicht zuletzt auch der Begriff Goethezeit gehören. Doch bestehen innerhalb der Literaturwissenschaft unterschiedliche Vorstellungen darüber, in welche Binnenstrukturierung sich die Goethezeit unterteilen lässt. So sind manche Literaturwissenschaftler der Ansicht, dass es sich bei Sturm und Drang, Klassik und Romantik um Teilepochen handelt, die unter dem Oberbegriff der Goethezeit zusammengeführt sind, während andere die Goethezeit als eine eigenständige Epoche begreifen.

Um im Folgenden ein besseres Verständnis davon zu erhalten, was das Wesen der Goethezeit ausmacht, sollen zunächst die in der Zeit von 1770 bis 1830 kursierenden Epochenkategorien erörtert werden. Freilich werden im Folgenden Sturm und Drang, Klassik und Romantik nur kurz umrissen, so dass nicht alle Entwicklungen eine gebührende Aufmerksamkeit erfahren werden, denn in erster Linie gilt es, ein entsprechendes Hintergrundwissen über die literarischen Entwicklungsprozesse der Goethezeit zu bekommen, und ein besseres Verständnis für die Literatur um 1800 zu erhalten.

Zunächst soll das Augenmerk auf die Epochenkategorie Sturm und Drang gerichtet werden. In der deutschsprachigen Literaturgeschichte wird generell der

Zeitraum von 1770 bis 1785 als Sturm und Drang bezeichnet. Es ist eine Phase in der Entwicklung der deutschsprachigen Literatur, in der vor allem junge Autoren wie Goethe oder Schiller zur Feder greifen und auf gesellschaftliche Defizite aufmerksam machen, was zur Folge hat, dass im Bereich der Lyrik, Dramatik und Epik vollkommen neue Gattungsmerkmale und inhaltliche Themen in den Vordergrund treten. Das Besondere an den Autoren war, dass sie eine völlig andere Herkunft hatten, als die Autoren früherer Epochen, bei denen es sich ja meist um Gelehrte aus der Oberschicht handelte. Doch die Autoren, die sich zum Sturm und Drang rechnen lassen, stammten zum Großteil aus dem Mittel- und Kleinbürgertum, und versuchten durch ihre literarischen Erzeugnisse ein zusätzliches finanzielles Einkommen zu ihrer beruflichen Tätigkeit zu erhalten. Angesichts der bürgerlichen Herkunft von vielen Autoren des Sturm und Drang verwundert es nicht, dass auf inhaltlicher Ebene Themen in den Vordergrund traten, die das Bürgertum betrafen. So stehen im Zentrum der literarischen Aufmerksamkeit eine Bandbreite an Stoffen, in denen die zentralen Konflikte der bürgerlichen Gesellschaft zum Ausdruck kommen. Es zeigt sich, dass literarische Texte und Theaterstücke in der Zeit des Sturm und Drang zu einem Medium werden, mit dem öffentlich Kritik am feudalen System geübt wurde. Kurzum: Die Autoren des ausgehenden 18. Jahrhunderts wandten sich gegen die Autorität des damaligen Gesellschaftssystems und die Tradition der Vergangenheit.

Während man also in früheren Epochen darum bemüht war, die Normen der Regelpoetik einzuhalten, so waren die Autoren des Sturm und Drang überzeugt davon, dass sie über genügend Originalität verfügen und sich ihr künstlerisches Talent nur schwer in Regeln der traditionellen Poetik fügen lasse. Doch für die Autoren des Sturm und Drang galt es nicht nur gegen die erstarrten poetischen Regel zu protestieren, sondern sich auch gegen die gesellschaftlichen Konventionen aufzulehnen. Die Autoren des Sturm und Drang verweigerten somit die Anpassung an die bestehenden gesellschaftlichen und literarischen Normen – für sie galt es, das Lebensgefühl ihrer Generation in den literarischen Werken zum Ausdruck zu bringen. Um ihre Anliegen entsprechend auszudrücken, verwendeten sie eine gefühls- und ausdrucksstarke Sprache, in der halbe Sätze und Kraftausdrücke sowie verbale Derbheiten ein spezifischer Bestandteil der Ausdruckformen waren.

Auf sprachlicher und inhaltlicher Ebene wandten sich die Autoren so von der ratio der Aufklärung ab und rückten die emotio in das Zentrum ihres literarischen Schaffens. Doch sind es insbesondere die Begriffe von Natur und Vernunft, die eine neue Bedeutung in der Literatur erlangen. Es zeigt sich, dass eine vollkommen veränderte Einstellung gegenüber der Literaturproduktion öffentlich in Erscheinung trat. Vor diesem Hintergrund wundert es nicht, dass auch die Epochenbezeichnung Sturm und

Drang von den Autoren bewusst gewählt wurde, um den innovativen und besonders radikalen Grundcharakter dieser Literaturphase zum Ausdruck zu bringen.

So berichtet Jakob Michael Reinhold Lenz (1751–1792) im Jahr 1780 in einem Brief an Johann Kaspar Lavater (1741–1801), er wolle seine Dramen in einer neuen Ausgabe herausbringen, doch soll die „Jugendliche Unbesonnenheit, Sorglosigkeit" (WB 3, 620) sowie der „Sturm" (WB 3, 620) und das „Nichtachten der Verhältnisse" (WB 3, 620) beibehalten werden. Die Wortwahl von Lenz lässt bereits erkennen, dass er sich mit seinen Dramen formal und inhaltlich von den bewährten Mustern der Theaterstücke früherer Epochen abgrenzen wollte. Einer Einschätzung von Lenz zufolge sollten nunmehr politisch brisante Themen ins Zentrum der Literatur rücken, doch bedurfte es einer entsprechenden Formulierung für die Epoche.

Die Epochenbezeichnung Sturm und Drang wurde von Friedrich Maximilian Klinger (1752–1831) initiiert, der ein Theaterstück verfasste, das den gleichnamigen Titel trägt. Der Titel des Dramas wurde angeregt durch Christoph Kaufmann (1753–1795), der im Jahr 1776 in Weimar auf Klinger traf und ihn davon überzeugen konnte, sein im Entstehen begriffenes Werk doch nicht *Der Wirrwarr*, sondern *Sturm und Drang* (1776) zu bezeichnen (vgl. Luserke 1997, 25). Die Entstehung des Theaterstücks ist geprägt von persönlichen Veränderungen im Leben von Klinger und so berichtet er in einem Brief an einem Freund Folgendes:

> Ich lebe so hin, bald im Drang und Sturm, bald im gelinden Säußlen, unter Musik, Comoedie und Spiel, Musen und etc. […]. Am Dienstage führten sie hier Sturm und Drang von mir auf, und eröfneten damit die Bühne. Es ist meine Lieblingsarbeit – und da saßen sie nun, konnten nicht fassen und begreifen, und doch schüttelten sie das Ding mächtig zusammen […] (in Luserke 1997, 26 f.).

Die Aufführung des Werks sorgte für reichlich Diskussionsstoff und führte auch dazu, dass die Bezeichnung „Sturm und Drang" von den Zeitgenossen bereits öffentlich hinterfragt wurde. So schrieb Heinrich Leopold Wagner (1747–1779) anlässlich der Aufführung des Theaterstücks in Frankfurt über den Titel Folgendes:

> Wie heißt das Stück? fragte fast jedermann, als es verwichenen Sonnabend angekündigt wurde: *Sturm und Drang!* – Sturm und —— ? und *Drang!* mit dem weichen *D* und hinten ein *g*; ja nicht mit dem harten *T* oder dem ck! So, so! Sturm und Drang also! – Aber wenn ich bitten darf, was heißt das wol? ich kann mir nichts dabey denken! kommt etwa ein Sturm drinn vor? – das ich nicht wüßte! oder ist's der Sturm von *Schakespeare*? auch nicht! *Klinger* verehrt diesen großen Dichter viel zu sehr, als daß er sich an ihm so schädlich versündigen sollte. […] Wer fühlt oder auch nur ahndet, was Sturm und Drang seyn mag, für den ist er geschrieben; wessen Nerven aber zu abgespannt, zu erschlafft sind, vielleicht von jeher keinen rechten Ton gehabt haben; wer die drey Worte anstaunt, als wären sie chinesisch oder malabarisch, der hat hier nichts zu erwarten, mag immerhin ein alltägliches Gericht sich auftischen lassen (in Luserke 1997, 27 f.).

Die zum Ausdruck kommende Verehrung des englischen Dichters Shakespeare (1564–1616) war typisch für die Zeit des Sturm und Drang und lässt zugleich erkennen, dass die vormals verehrten antiken Autoren in der Zeit von 1770 bis 1785 nicht mehr zum Vorbild genommen wurden. Kurzum: Die Autoren des Sturm und Drang vollzogen einen radikalen Bruch mit den bestehenden Konventionen. Doch mit dem Heranwachsen der jungen Autoren des Sturm und Drang, begann eine Phase in der deutschen Literaturgeschichte, die als Klassik bezeichnet wird und die sich nach gängiger Einschätzung von vielen Literaturwissenschaftlern auf den Zeitraum von 1785 bis 1805 eingrenzen lässt. Den Begriff der Klassik für die Beschreibung einer Literaturepoche führte bereits Heinrich Laube in seiner *Geschichte der deutschen Literatur* (1839–40) ein. Auch Georg Gottfried Gervinus verwendet die Epochenbezeichnung Klassik in seiner *Geschichte der poetischen National-Literatur der Deutschen* (1835–42). Sowohl Laube als auch Gervinus verstehen unter der Klassik eine Literaturepoche, die gezeichnet ist von einer starken Hinwendung zur Antike. Folgt man der Ansicht von Gervinus, dann handelt es sich bei der Epochenbezeichnung Klassik um einen Abschnitt in der deutschsprachigen Literaturgeschichte, in dem „Göthe und Schiller zu einem Kunstideal zurück [führten], das seit den Griechen Niemand mehr als geahnt hatte" (Gervinus 1846, 12).

Bereits das Kunstinteresse des ausgehenden 18. Jahrhunderts war gezeichnet von einer starken Hinwendung zur Antike. Es war vor allem Johann Joachim Winckelmann (1717–1768) der durch seine Kunstbetrachtungen das damalige Interesse an der Antike weckte. Das weitverbreitete Interesse an der Antike führte auch dazu, dass Reisen nach Italien äußerst beliebt waren. Auch Goethe folgte dem damaligen Zeitgeist und unternahm 1806 eine Reise nach Italien. Die in Italien vorgefundenen Impressionen beeinflussten maßgeblich das weitere Schaffen von Goethe und lieferten ihm kreative Impulse. So erstellte er in Anlehnung an das von dem griechischen Dramatiker Euripides (480 v. Chr.–406 v. Chr.) verfasste Werk *Iphigenie bei den Taurern* (412 v. Chr.) das Drama *Iphigenie auf Tauris* (1787). Goethe behandelt in dem Werk nicht nur ein antikes Thema, sondern geht noch einen Schritt weiter und lässt auf stilistischer und inhaltlicher Ebene ein Streben nach Harmonie erkennen. Dieser Einklang war durchaus typisch in der Phase der Klassik und so gelingt es der Protagonistin Iphigenie, trotz schwieriger Umstände eine Balance zwischen Pflicht und Neigung zu finden. Es zeigt sich, dass die Gestaltung von Goethes Werk einen eklatanten Gegensatz zu den in der Zeit des Sturm und Drang publizierten literarischen Texten darstellt. So werden die Konflikte in dem Drama nicht durch verbale Auseinandersetzungen, wie dies ja noch im Sturm und Drang der Fall ist, gelöst, sondern durch Humanität. Auch das hohe Sprachniveau und die reglementierte Sprache stehen im Gegensatz zum Sprachideal des Sturm und

Drang. Neben der einsträngigen, klar nachvollziehbaren Handlung besitzt Goethes *Iphigenie auf Tauris* eine geschlossene Dramenform. Auch ist eine Einheit von Ort und Zeit erkennbar, so dass eine Orientierung am antiken Drama zweifellos besteht.

Goethes weitere Annäherung an die klassische Dramenkonzeption wird in den nachfolgenden Jahren durch den Austausch mit Schiller beeinflusst. Beide suchen zunächst auf theoretischer Ebene nach Möglichkeiten, um „neue gattungstypologische und poetische Richtlinien" (Matussek 1998, 155) zu formulieren, bei denen sie zwar noch an die antiken Vorbilder anknüpfen, jedoch auch eigene Ideen hervorbringen. Doch das Besondere an der fruchtbaren Zusammenarbeit zwischen Goethe und Schiller war, dass sie von einem wechselhaften Austausch an dem literarischen Schaffen des jeweils anderen geprägt war. So ermuntert Schiller die Fortführung von Goethes *Faust. Eine Tragödie* (1808) sowie die Entstehung und kritische Bearbeitung von *Wilhelm Meisters Lehrjahre* (1796), während Goethe die Niederschrift von Schillers *Wallenstein* (1799) begleitete. Eine Vielzahl an Publikationen prägen die Schaffensphasen der beiden in den nachfolgenden Jahren und so veröffentlicht Goethe seine Balladen *Der Zauberlehrling* (1797), *Der Schatzgräber* (1798), *Die Braut von Korinth* (1797) sowie *Der Gott und die Bajadere* (1797) in der von Schiller herausgegebenen Literaturzeitschrift *Musenalmanach* (1796–1800). Darüber hinaus verfasste Goethe in den Jahren um 1800 die Werke *Unterhaltungen deutscher Ausgewanderten* (1795) und ein Versepos, dass das aktuelle Geschehen in Form des klassischen Hexameters zum Ausdruck bringt und später unter dem Titel *Hermann und Dorothea* (1797) bekannt wurde. Doch mit dem Tod Schillers im Jahr 1805 endete nicht nur die konspirative Zusammenarbeit zwischen Goethe und Schiller, sondern auch die Phase der Klassik. Freilich nimmt die Literaturgeschichte weiterhin ihren Gang und so entwickelt sich unter dem Einfluss der napoleonischen Eroberungen sowie den damit verbundenen kriegerischen Auseinandersetzungen eine literarische Phase, die als Romantik bezeichnet wird und sich nach Auffassung von vielen Literaturwissenschaftlern auf die Jahre von 1805 bis 1830 datieren lässt. Die in dieser Phase entstandenen literarischen Werke sind gezeichnet von einer Abwendung vom zeitaktuellen Geschehen und einer Hinwendung zur Vergangenheit.

Vor diesem Hintergrund besinnen sich die Autoren in der Romantik an die Werke der Vergangenheit und an ihre eigene Kindheit, was zur Folge hat, dass Märchen und Sagen eine neue Bedeutung erlangen. Es ist das Kunstmärchen, dass in dieser Phase eine große Beliebtheit erfährt. Darüber hinaus entdecken die Autoren das Mittelalter für sich und schätzen die in dieser Zeit vorgefundene Ordnung der Welt. Durchzogen von einer Sehnsucht nach Liebe und Geborgenheit beschreibt Joseph von Eichendorff (1788–1857) in dem Werk *Aus dem Leben eines Taugenichts* (1823) das Dasein eines Protagonisten, der die Welt erkundet, und den Sinn des Lebens zu ergründen sucht. Charakteristisch für die in der Phase der Romantik entstandenen Werke ist, dass übernatürliche Geschehnisse dargestellt werden und die Handlungen in Burgen, Wäldern sowie Ruinen oder Friedhöfen stattfinden. Im Besonderen entdeckten die Romantiker die Mächte des Unter- und Unbewussten für sich und ließen den Traum, die Ahnung sowie die Sehnsucht, aber auch das Magische, Zauberische und Gespenstische eine neue Bedeutung zukommen. Den Worten von Novalis (1772–1801) folgend, lässt sich das Programm der in dieser Zeit entstandenen Literatur folgendermaßen beschreiben:

> Romantisieren heißt, dem Gemeinen einen hohen Sinn, dem Gewöhnlichen ein geheimnisvolles Ansehen, dem Bekannten die Würde des Unbekannten, dem Endlichen einen unendlichen Schein geben (in Martini 1991, 319).

Es waren Autoren wie E.T.A. Hoffmann (1776–1822), Joseph von Eichendorff und Friedrich de la Motte-Fouqué (1777–1843), die in ihren Werken der schöpferischen Kreativität freien Lauf ließen und die Regel der Dichtung sprengten, unterschiedliche Gattungen miteinander vermischten. Durch das freie Formenspiel wird der Bruch zwischen der Vergangenheit und Gegenwart auch auf stilistischer Ebene aufgehoben. Friedrich Schlegel (1772–1829), der durchaus als treibende Kraft der Romantik gelten kann, schuf hierfür den Begriff der „Universalpoesie", den er folgendermaßen erläutert:

> Die romantische Poesie ist eine progressive Universalpoesie. Ihre Bestimmung ist nicht bloß, alle getrennten Gattungen der Poesie wieder zu vereinigen und die Poesie mit der Philosophie und Rhetorik in Berührung zu setzen. Sie will und soll auch Poesie und Prosa, Genialität und Kritik, Kunstpoesie und Naturpoesie bald mischen, bald verschmelzen, die Poesie lebendig und gesellig und das Leben und die Gesellschaft poetisch machen, den Witz poetisieren und die Formen der Kunst mit gediegenem Bildungsstoff jeder Art anfüllen und sättigen und durch die Schwingungen des Humors beseelen. Sie umfaßt alles, was nur poetisch ist, vom größten, wieder mehrere Systeme in sich enthaltenden Systeme der Kunst bis zu dem Seufzer, dem Kuß, den das dichtende Kind aushaucht in kunstlosem Gesang (in Martini 1991, 321).

Angesichts der Tatsache, dass die Romantiker die dichterischen Gesetze aufhoben, schufen sie einen Spielraum für Phantasie; folglich waren individuelle Ausdrucksformen und eine Freiheit an Darstellungsmechanismen ermöglicht worden. Im Zuge dieser dichterischen Aussagekraft entstand die „romantistische Ironie", „die die Einsicht umschloß, daß sich das Unendliche nie in dieser begrenzten Wirklichkeit leben und erschöpfen läßt" (Martini 1991, 322). Die schöpferische Eingebung der Romantiker basiert auf der Tatsache, dass die Autoren es als ihre Aufgabe verstanden, den Bruch der Welt, der ihrer Ansicht nach durch die kriegerischen Auseinandersetzungen eingetreten war, durch das Individuum wieder zu einigen und die bestehenden Gegensätze zu einem harmonischen Ganzen zusammenzuführen. So avancierte die blaue Blume zu einem zentralen Motiv der in dieser Phase entstandenen Literatur, die den Wunsch nach innerer Einheit, Heilung und Unendlichkeit zum Ausdruck brachte.

3. Forschungsbericht

Die Goethezeit gehört zu den repräsentativsten Epochen der germanistischen Literaturwissenschaft und hat daher in der Forschung eine herausragende Bedeutung. Dabei ist es die Themen- und Formenvielfalt der Werke, die der Literaturwissenschaft etliche Möglichkeiten für historische oder systematische Untersuchungen bietet. So wurden nahezu alle literaturwissenschaftlich relevanten Forschungsansätze, von denen textimmanente Ansätze (Intertextualität, Narratologie, Hermeneutik) und interdisziplinäre Richtungen (Biographie, Psychoanalyse, Literatursoziologie) sowie kulturwissenschaftliche Theorien (Kultursemiotik, Gender Studies) stellvertretend erwähnt werden sollen, für die Goethezeit angewendet, um die Aussagekraft, und das Wesen der Literatur um 1800 zu ergründen. Doch das Besondere an der Goethezeit ist, dass sie zu den wenigen Epochen in der deutschsprachigen Literaturgeschichte gehört, die seit ihrer Entstehungszeit erforscht wurden und so forderten die literarischen Werke, mit denen um 1770 eine junge Generation von Autoren an die Öffentlichkeit trat, von Anfang an zu einer theoretischen Diskussion heraus. Doch im Verlauf der Literaturwissenschaft war die Beschäftigung mit der Goethezeit auch geprägt von unterschiedlichen Ideologien wie die des wilhelminischen Kaiserreiches, der Weimarer Republik, des Nationalsozialismus und der DDR, die die Werke als Projektionsflächen für politische Erkenntnisinteressen vereinnahmten. Vor diesem Hintergrund gilt es im Folgenden, auf die zentralen Entwicklungslinien seit den 90er Jahren des vergangenen Jahrhunderts einzugehen und damit den aktuellen Stand der Forschung jenseits ideologischer Vereinnahmungen herauszustellen. Sinn und Zweck einer solchen Überblicksdarstellung soll es sein, einen kompakten Einblick in die literaturwissenschaftliche Auseinandersetzung mit der Goethezeit zu erhalten, der dazu dienen soll, das eigenständige wissenschaftliche Arbeiten zu erleichtern. Vor diesem Hintergrund beinhalten die nachfolgenden Ausführungen nur die zentralen Forschungsansätze zur Goethezeit, die dazu dienen sollen, eine grundlegende Orientierung auf dem Gebiet der literaturwissenschaftlichen Forschung für die Zeit um 1800 zu erhalten und zur weitergehenden Beschäftigung mit der Goethezeit anregen sollen.

In der Literaturwissenschaft ist die Auseinandersetzung mit der Goethezeit von den 1990er Jahren bis in die Gegenwart hinein gezeichnet von zwei Entwicklungslinien. Zum einen ist die literaturwissenschaftliche Forschung der Goethezeit gezeichnet von einer Pluralisierung der Erkenntnisinteressen und Methoden. Zum anderen lässt sich innerhalb der Literaturwissenschaft mit Bezug auf die Goethezeit eine Hinwendung zur Detailforschung erkennen. Im Besonderen zeichnet die Erforschung der Goethezeit in jüngster Vergangenheit aus, dass eine verstärkte Hinwendung zu grenzüberschreitenden Forschungsbereichen erfolgt und so finden vor allem interdisziplinäre sowie interkulturelle Fragestellungen eine immense Aufmerksamkeit. So hat man sich in den letzten Jahren mit der Frage auseinandergesetzt, welche wissenschaftlichen Erkenntnisse in den literarischen Texten enthalten sind oder wie die Werke der Goethezeit in fremden Sprachen übersetzt und rezipiert worden sind. Durch die überaus vielfältigen und methodisch spannenden Gegenstandsbereiche wurden neuartige Einblicke in die seit jeher bekannten literarischen Werke verschafft. Mit anderen Worten: Die Werke der Goethezeit gewinnen durch unterschiedliche Forschungsperspektiven an Bedeutung und werden von Wissenschaftlern verschiedener Fachbereiche immer wieder neu erschlossen.

Angeregt von der sozialwissenschaftlichen Forschung wurden auch im Bereich der Literaturwissenschaft feministische Fragestellungen in der Literatur der Goethezeit hinterfragt. Dank der feministischen Ansätze der Literaturwissenschaft konnten die vergessenen oder verschwiegenen Formen von Weiblichkeit in den literarischen Texten sichtbar gemacht werden. Des Weiteren lieferten die Forschungsbeiträge darunter etwa diejenige von Inge Stephan *Inszenierte Weiblichkeit* (2004) und Barbara Bekker-Cantarino *Der lange Weg zur Mündigkeit* (1987) eine vertiefte Kenntnis darüber, wie weibliche und männliche Figuren in den literarischen Texten der Goethezeit dargestellt und Geschlechterrollen konstruiert werden. Auch durch die in jüngster Zeit vorgelegten Erkenntnisse konnte verdeutlicht werden, dass es sich geradezu anbietet, die Geschlechterverhältnisse in der Goethezeit anhand der literarischen Werke und Theaterstücke zu ergründen. Es war vor allem die Zeit um 1800, in der die geschlechtsspezifische Machtposition einen Wandel erfuhr und so eine stoffliche Grundlage für konfliktreiche Auseinandersetzung auf der Bühne lieferte. Daher empfiehlt es sich auch weiterhin, herauszufinden, inwiefern die außerliterarischen Veränderungen in den literarischen Texten und Bühnenstücken der Goethezeit reflektiert werden. Gerade auf diesem Gebiet bietet die Goethezeit vielfältige und überaus spannende literarische Texte und Theaterstücke, die es neu zu entdecken und zu erforschen gilt.

Fragen und Anregungen

- Erörtern Sie die neusten literaturwissenschaftlichen Erkenntnisse zum Epochenbegriff Goethezeit.
- In welche Phasen lässt sich die Goethezeit gliedern und welche Autoren, Werke sowie literarischen Entwicklungen sind charakteristisch für die jeweiligen Phasen.

- Durch welche Eckdaten lässt sich die Goethezeit eingrenzen und wo liegen die Probleme einer solchen Einteilung.
- Skizzieren Sie warum man sich ausgerechnet in der Goethezeit besonders radikal von der zuvor vertretenen Auffassung der Regelpoetik abwandte.
- Erläutern Sie was man mit Bezug auf die Goethezeit unter dem Begriff der Genieästhetik versteht.

Lektüreempfehlungen

Buschmeier, Matthias/Kauffmann, Kai: Einführung in die Literatur des Sturm und Drang und der Weimarer Klassik. Darmstadt: Wissenschaftliche Buchgesellschaft 2013 (Einführungen Germanistik).

Dörr, Volker C.: Weimarer Klassik. Paderborn: Wilhelm Fink Verlag 2007 (Literaturwissenschaft elementar).

Hamacher, Bernd: Einführung in das Werk Johann Wolfgang von Goethes. Darmstadt: Wissenschaftliche Buchgesellschaft 2013 (Einführungen Germanistik).

Schmitz-Emans, Monika: Einführung in die Literatur der Romantik. 3. Aufl. Darmstadt: Wissenschaftliche Buchgesellschaft 2009 (Einführungen Germanistik).

Tausch, Harald: Literatur um 1800. Klassisch-romantische Moderne. Berlin: Akademie-Verlag 2012 (Akademie-Studienbücher; Literaturwissenschaft).

II. Basismodul 2: Die Entwicklung der Goethezeit als Literaturepoche

1. Buchmarkt und Publizistik: Zur Entfaltung einer literarischen Öffentlichkeit

Die Epoche der Goethezeit fällt in eine Phase, die gezeichnet war von gesellschaftlichen Veränderungen und deren Auswirkungen auch die Literaturproduktion entscheidend prägten. So vollzog sich mit der Zunahme der Alphabetisierungsrate ein Entwicklungsprozess, der sich nachhaltig auf den Literaturbetrieb und die Entfaltung einer literarischen Öffentlichkeit auswirkte. Freilich lassen sich die in der Goethezeit vollzogenen Entwicklung als Fortführungsprozesse früherer Epochen begreifen, deren Spuren bis weit in die Jahre um 1800 reichten. Es sind vor allem die im Verlauf der Aufklärung einsetzenden Bildungsbemühungen, die einen Anstieg der lesefähigen Bevölkerung bis weit in das 19. Jahrhundert begünstigten und auch Frauen einen Umgang mit Lektüre ermöglichten. Trotz weitreichender Auswirkungen früherer Entwicklungsprozesse, war die Entfaltung der Literatur in der Goethezeit zugleich geprägt von eigenständigen Mechanismen, die das Wesen dieser Epoche ausmachen und sich nachhaltig auf die weitere Entwicklung der Literaturgeschichte auswirkten. Da die Literaturproduktion gerade in der Goethezeit von unterschiedlichen Veränderungen geprägt war, soll im Folgenden auf die zentralen Entwicklungsprozesse, die sich nachhaltig auf die Entstehung von literarischen Texten in den Jahren um 1800 auswirkten, eingegangen werden. Vor diesem Hintergrund gilt es, die Formierung der literarischen Produktion in der Goethezeit als einen von unterschiedlichen Faktoren geprägten Prozess zu begreifen, der das Gedankengut früherer Epochen fortführt, mitunter auch vervollständigt und modifiziert.

Mit Blick auf die Entwicklungstendenzen früherer Epochen scheint es geboten, darauf hinzuweisen, dass sich insbesondere die verbesserten Möglichkeiten der schulischen Bildung auf den Absatzmarkt von Literatur auswirkten. Es war vor allem die zunehmende Anzahl der lesefähigen Bevölkerung, die umfassende Veränderungen auf dem Literaturmarkt zur Folge hatten. Folgt man der Ansicht von Peter-André Alt, dann ist davon auszugehen, dass im letzten Drittel des 18. Jahrhunderts 15% der Bevölkerung lesen konnte (vgl. Alt 2007, 45). Für den Zeitraum von 1800 bis 1880 wird angenommen, dass sich der Anteil der lesenden Bevölkerung auf das fünffache erhöhte, so dass von einer breiten Zunahme der Alphabetisierung auszugehen ist (vgl.

Alt 2007, 45). Das Besondere an der fortschreitenden Alphabetisierung war, dass sich nunmehr nicht nur die staatliche Obrigkeit sowie die Gelehrten mit dem Lesen beschäftigten, sondern breite Teile der Bevölkerung ihre Zeit mit Lektüre verbrachten. Der Leserkreis wurde vor allem durch die Angehörigen des Bürgertums und durch Frauen erweitert, die in zunehmendem Maße eine umfassende Bildung und damit erste Schritt einer beginnenden Emanzipation erfuhren. Auch im publizistischen Diskurs der damaligen Zeit wurde die Ausbreitung des Lesepublikums umfassend erörtert. So wird das Lesepublikum im *Hannoverischen Magazin* (1763–1790) im Jahr 1782 folgendermaßen beschrieben:

> Gelehrte und Ungelehrte, Handelsleute, Handwerker, Ökonomen, Militärpersonen, Alte und Junge, männliches und weibliches Geschlecht sucht einen Teil der Zeit mit Lesen auszufüllen [...]. Alles will jetzt lesen, selbst Garderobenmädchen, Kutscher und Vorreuter nicht ausgenommen (in Luserke 1997, 14).

Bedingt durch kriegerische Auseinandersetzungen war das deutschsprachige Publikum in der Goethezeit besonders daran interessiert, über die neusten Entwicklungen informiert zu werden. Das Informationsbedürfnis des Lesepublikums hatte zur Folge, dass Tageszeitungen und Journale sowie Zeitschriften in großer Anzahl erschienen. Darüber hinaus reagierte der Buchmarkt auch auf das Bedürfnis der Leser nach Unterhaltung, so dass die Publikation von Dramen, Romanen und Gedichten erheblich zunahm. Während 1740 nur 30 Bücher aus den Bereichen Epik, Lyrik und Dramatik veröffentlicht wurden, so waren es 1770 bereits 122 Werke (vgl. Karthaus 2007, 23). Auskunft über den Absatzmarkt gewähren insbesondere die Kataloge der Buchmessen und so wird aus ihnen ersichtlich, dass die Buchproduktion einen starken Zuwachs erfuhr. So hat sich der Anteil der veröffentlichten Bücher im Vergleich zum 17. Jahrhundert sogar verdoppelt (vgl. Luserke 1997, 14). Vor allem wird anhand der Verzeichnisse der Buchmessenkataloge ersichtlich, dass insbesondere der Anteil an literarischen Werken besonders stark zunahm. Für die Zeit um 1800 wird angenommen, dass 21,5% der veröffentlichten Bücher dem Bereich Literatur zugeordnet werden können (vgl. Luserke 1997, 14). Es zeigt sich, dass sich vor allem die Interessen des Lesepublikums veränderten, denn noch im 17. Jahrhundert war der Buchmarkt in erster Linie mit theologischen Büchern gefüllt, hingegen waren in den Jahren um 1800 nur noch 6% der veröffentlichten Bücher religiösen Inhalts (vgl. Pütz 1987, 23).

Die weite Verbreitung von literarischen Werken konnte allerdings nur durch technische Erneuerungen bei der Buchproduktion ermöglicht werden. Es waren vor allem technische Verbesserungen im Bereich der Buchdruckerei und Papierherstellung, die nun die Herstellung der Buchproduktion begünstigten. Trotz technischer Erneuerungen und steigender Produktionen war der Erwerb eines einzelnen Buches recht kostenintensiv, so dass ein Großteil der Leser in den Leihbibliotheken oder Lesegesellschaften die literarischen Werke las und mit anderen interessierten Zeitgenossen darüber diskutierte. Weit verbreitet waren in der Goethezeit auch die Kaffeehäuser und Salons, in denen Zeitschriften sowie Bücher gelesen werden konnten und die maßgeblich zur Entfaltung einer literarischen Öffentlichkeit beitrugen. Im Vergleich zu früheren Jahrhunderten waren die Menschen in der Goethezeit nicht mehr daran interessiert, ein Buch mehrmals zu lesen, sondern verschiedene Werke zu lesen, was natürlich die Buchproduktion erhöhte. Es war vor allem die Entwicklung von der intensiven zur extensiven Lektüre, die als ein wesentliches Merkmal des wandelnden Leseverhaltens für die Zeit um 1800 anzusehen ist.

Eine weitere Modernisierung vollzog sich innerhalb des Berufszweigs der Autoren. So wurden vor allem im Bereich des Verlagsrechts grundlegende Veränderungen vollzogen, so dass im Verlauf der Goethezeit auch die Rechte von Autoren an ihren Erzeugnissen gestärkt wurden. Das im letzten Drittel des 18. Jahrhunderts einsetzende moderne Urheberrecht schützte den Nachdruck von literarischen Werken bis weit über den Tod eines Autors hinaus und sicherte ihm somit einen finanziellen Anteil beim Verkauf des Buches (vgl. Dörr 2007, 19). Das veränderte Verlagsrecht hatte weitreichende Konsequenzen und zum einen versuchten viele Autoren, auf die Interessen des Publikums zu reagieren, denn ein gut verkauftes Buch bedeutete einen hohen Umsatz und finanziellen Erlös für den Verfasser. Zum anderen wurde der Beruf des Autors viel attraktiver und der Anteil der freien Autoren nahm deutlich zu; dennoch sind viele Autoren vor allem im letzten Drittel des 18. Jahrhunderts noch in den Fürstenhöfen tätig.

So steht Goethe in einem gesicherten Beschäftigungsverhältnis am Hof von Weimar und hat dort die Möglichkeit, neben seiner beruflichen Tätigkeit literarische Werke zu verfassen. Ein Großteil der Autoren des ausgehenden 18. Jahrhunderts steht noch in Abhängigkeit mit den Fürstenhöfen, doch beginnt sich die Situation mit Beginn des 19. Jahrhunderts zu ändern und so üben Autoren wie Jean Paul (1763–1825) oder Heinrich von Kleist (1777–1811) freischaffend ihren Dienst aus. Eine ähnliche Situation zeichnet sich im Bereich des Theaters ab und so sind die meisten Verfasser von Theaterdramen um 1780 an fürstlichen Hoftheatern beschäftigt, was zur Folge hat, dass sie auf die Interessen ihrer Arbeitgeber eingehen und mitunter auf der Bühne französische oder italienische Werke darbieten. Darüber hinaus gab es im ausgehenden 18. Jahrhundert eine Vielzahl an Wanderbühnen, die ein buntes Programm zur Belustigung des Publikums aufführten. Eine erste Phase der Reformierung des Theaters setzte allerdings mit Goethe als Weimarer Theaterintendant ein (vgl. Dörr 2007, 20). Goethe, der in den Jahren von 1791 bis 1817 das Weimarer Hoftheater leitete und in diesem Zusammenhang die Auswahl der Stücke begutachtete, setzte sich in dieser Zeit vor allem dafür ein, deutschsprachige Werke auf der Bühne darbieten zu lassen, was als ein entscheidender Schritt in Richtung eines deutschsprachigen Nationaltheaters anzusehen ist.

Es vollzogen sich also in der Goethezeit grundlegende Veränderungen, die die deutschsprachige Literatur und das Theaterwesen nachhaltig prägten. Doch das Besondere an der Goethezeit war, dass auch innerhalb der Gesellschaft das Ansehen der Autoren gestärkt wurde und vor allem das schriftstellerische Talent eine Aufwertung erfuhr. Während der Autor in früheren Epochen als derjenige angesehen wurde, der die Geschehnisse der Welt durch Worte nachzuahmen versucht, so entdeckte man in den literarischen Werken durchaus die Schöpfung neuer Ereignisse, womit auch das schriftstellerische Talent als besondere Begabung aufgefasst wurde. Die schöpferische Begabung des Autors, eigenständige Überlegungen zu entwerfen und niederzuschreiben wurde in der Goethezeit unter dem Begriff der ‚Genieästhetik‘ zusammengefasst. Der Begriff beschreibt das literarische Programm der Goethezeit und bringt die in den Jahren um 1800 vollzogene Abkehr von der Regelpoetik zum Ausdruck. Gleichwohl verdeutlicht der Begriff die Aufwertung des Autors in den Bereichen Gesellschaft und Kultur.

2. Dichtung und Gelehrtenkultur: Zum literarischen Leben der Goethezeit

In den Jahren um 1800 war der deutschsprachige Raum in verschiedene Einzelstaaten aufgeteilt, was zur Folge hatte, dass es keine Hauptstadt gab, wie es bereits in England oder Frankreich der Fall war. Ein Zentrum des gesellschaftlichen und kulturellen Lebens der Goethezeit bildete Weimar. Es war Anna Amalia (1739–1807), die durch ihr Wirken und ihr vielfältiges Engagement einen entscheidenden Beitrag zur Förderung des kulturellen Lebens in Weimar leistete. Anna Amalia, die nach dem Tod ihres Ehemanns Herzog Ernst August II. (1737–1758) die Residenzstadt des Herzogtums Sachsen-Weimar-Eisenach regierte, war selbst künstlerisch tätig. So ist überliefert, dass sie nicht nur malte und komponierte, sondern auch eigenständige literarische Werke verfasste. Ihr künstlerisches Interesse hatte weitreichende Folgen für die Entfaltung des kulturellen Lebens in Weimar, denn sie verstand es, bekannte Musiker und Autoren der damaligen Zeit nach Weimar zu holen. So wirkte Johann Sebastian Bach (1685–1750) in den Jahren von 1708 bis 1717 an ihrem Hof (vgl. Dörr 2007, 21). Darüber hinaus errichtete sie ein Hoftheater und bewirkte, dass verschiedene Schauspielgesellschaften für Gastspiele nach Weimar kamen.

In besonderer Weise trug Anna Amalia dazu bei, das gesellschaftliche Leben in Weimar zu fördern und einen fruchtbaren Austausch zwischen Naturwissenschaftlern, sowie Musikern, Autoren und Malern zu bewirken. Es trafen sich die international angesehenen Vertreter unterschiedlicher Fachbereiche in wöchentlich stattfindenden Abendgesellschaften, in denen sie rege über die neusten wissenschaftlichen Erkenntnisse oder Veröffentlichungen diskutierten (vgl. Dörr 2007, 23). Das geistige und kulturelle Leben förderte Anna Amalia zudem durch den Aufbau einer umfangreichen Bibliothek, die noch heute ihren Namen trägt. Wie sich erkennen lässt, war das kulturelle Schaffen von Anna Amalia überaus komplex und so ließ es sich Goethe auch nicht nehmen, ihre besonderen Verdienste zum Ausdruck zu bringen. Als Anna Amalia im Jahr 1807 verstarb, verfasste Goethe eine Nachschrift, in der vor allem ihr Wirken im kulturellen Bereich hervorgehoben wurde:

> Sie gefiel sich im Umgang geistreicher Personen, und freute sich Verhältnisse dieser Art anzuknüpfen, zu erhalten und nützlich zu machen; ja es ist kein bedeutender Name von Weimar ausgegangen, der sich in ihrem Kreise früher oder später gewirkt hätte (in Jena 2009, 43).

Goethe hatte stets einen regen Kontakt zu Anna Amalia und die Gespräche mit ihr fortwährend gesucht. Goethe selbst kam 1775 nach Weimar, also in einer Zeit, in der er selbst als Autor schon recht bekannt war und bereits mit der Veröffentlichung von *Götz von Berlichingen* (1773) und dem Briefroman *Die Leiden des jungen Werthers* große Erfolge verbuchen konnte. Goethe war allerdings in Weimar in vielfältigen politischen Ämtern tätig und wurde 1776 in das herzogliche Beratergremium, das Geheime Consilium, als Geheimer Legitationsrat aufgenommen. In den nachfolgenden Jahren wurden ihm weitere Ämter zugetan, was dazu führte, dass er seinen politischen Einfluss vergrößern konnte. So war er ab 1777 Leiter der Bergwerkskommission, später sogar für die Kriegskommission, die Wegebaukommission und Finanzverwaltung zuständig. Doch einen Höhepunkt in der Karriere Goethes bildete die Berufung in den Adelsstand, in den er auf Anraten des Kaisers 1782 berufen wurde, was zur Folge hatte, dass er fortan einen gleichberechtigten Umgang mit der höfischen Gesellschaft pflegen konnte. Mit anderen Worten: Goethe war in eine außergewöhnliche Stellung hineingewachsen, doch widmete er sich fernab von seinen politischen Ämtern der schriftstellerischen Tätigkeit mit einer enormen Intensität, so dass er schon bald zu den einflussreichsten Autoren der damaligen Zeit wurde. Einer Einschätzung von Johann Gottfried von Herder (1744–1803) zufolge war Goethe in vielfältigen literarischen Bereichen tätig und zwar als „directeur des plaisirs, Hofpoet, Verfasser von schönen Festivitäten, Hofopern, Ballets, Redoutenaufzügen, Inskriptionen, Kunstwerken etc" (Herder 1959, 215 f.). Es war somit auch

Goethe, der durch sein Wirken der Stadt Weimar einen besonderen Glanz verlieh, was auch dazu führte, dass viele Autoren des ausgehenden 18. Jahrhunderts in die Stadt kamen, um mit ihm in Kontakt zu treten.

Goethes Dasein wirkte sich somit nachhaltig auf die kulturelle Entfaltung der Stadt aus und so initiierte er die Freitagsgesellschaft und ab 1805 die Mittwochsgesellschaft, in der sich Künstler und Intellektuelle regelmäßig trafen. Es zeigt sich, dass in Weimar ein literarischer Austausch vollzogen wurde, der für die damalige Zeit durchaus ungewöhnlich war. Um jedoch die vielfältigen literarischen Erkenntnisse einem breiten Publikum zugänglich zu machen, begründete Christoph Martin Wieland (1733–1813) unter Mithilfe des Unternehmers Friedrich Justin Bertuch (1747–1822) die Literaturzeitschrift *Der Teutsche Merkur* (1773–1789). Es war das Anliegen Wielands, mit diesem publizistischen Organ auf die Verdienste der deutschsprachigen Literatur aufmerksam zu machen, und die Leser stets über die neusten literarischen Veröffentlichungen zu informieren. Wie die Ausführungen verdeutlichen, gingen viele Prozesse, die die Weiterentwicklung der deutschsprachigen Literatur beförderten vor allem von Weimar aus. So waren es auch die in Weimar ansässigen Autorinnen, von denen Sophie von La Roche (1730–1807), Johanna Schopenhauer und Caroline von Wolzogen stellvertretend erwähnt werden sollen, die den Schritt in die literarische Öffentlichkeit wagten. Von den damaligen Zeitgenossen wurde die Entwicklung der weiblichen Autorenschaft durchaus wahrgenommen und so äußert sich Schiller in einem Brief an Goethe aus dem Jahr 1797 dazu folgendermaßen:

Ich muß mich doch wirklich drüber wundern, wie unsere Weiber jetzt, auf bloß dilettantischem Wege, eine gewiße Schreibgeschicklichkeit sich zu verschaffen wißen, die der Kunst nahe kommt (SW 29, 93).

Das Interesse an den literarischen Zeugnissen von Frauen war indes groß, doch gelang es vielen Autorinnen noch nicht, in den Kreisen ihrer männlichen Kollegen eine öffentliche Akzeptanz zu erfahren. Dennoch bedeutete die eigenständige schriftstellerische Tätigkeit von Frauen einen großen Schritt in Richtung weibliche Emanzipation.

Sophie von La Roche gehört unumstritten zu den Wegbereitern weiblichen Schreibens und trug durch ihre literarischen Werke einen entscheidenden Beitrag für die Akzeptanz von Autorinnen in der Gesellschaft bei. Das vielseitige literarische Talent von Sophie von La Roche reflektiert sich in ihren literarischen Reiseberichten und moralischen Erzählungen sowie in ihren Briefromanen, von denen *Die Geschichte des Fräuleins von Sternheim* (1771) wohl zu den bekanntesten zählt. In ihren Werken thematisiert Sophie von La Roche fortwährend die weibliche Identität und greift damit ein in der Gesellschaft weit verbreitetes Diskussionsthema auf. Sophie von La Roche war ihren Zeitgenossinnen durch ihre Eigenständigkeit und Bildung weit voraus und so ließ sie es sich auch nicht nehmen, eine eigene Frauenzeitschrift auf den Markt zu bringen. Gerade im letzten Drittel des 18. Jahrhunderts entstand eine Vielzahl an Zeitschriften für unterschiedliche Lesergruppen, doch die erfolgreichste wurde von Sophie von La Roche unter dem Titel *Pomona für Teutschlands Töchter* (1783–1784) herausgegeben. Das Besondere an diesem Periodikum war, dass Sophie von La Roche im fiktionalen Kontext auf die Bedürfnisse von Frauen aufmerksam machte und Auszüge aus literarischen sowie wissenschaftlichen Werken in ihrer Zeitschrift integrierte. Durch die enge Verwobenheit von unterhaltsamer und lehrreicher Lektüre gelang es Sophie von La Roche durch ihre Zeitschrift, den Frauen einen abwechslungsreichen Zugang zur Bildung zu verschaffen.

Einen bedeutenden Schritt zur Autonomie und Selbständigkeit sowie gesellschaftlichen Anerkennung von Frauen ebnete ebenfalls die in Weimar ansässige Johanna Schopenhauer, die das geistreiche Milieu der Stadt für gesellige Salonabende nutzte. Der Salon erfreute sich im ausgehenden 18. Jahrhundert einer großen Beliebtheit und ermöglichte Frauen, im kleinen Kreis der Salonteilnehmer öffentlich über Literatur zu diskutieren und eigenständig verfasste Werke vorzustellen. Johanna Schopenhauer nutzte die Beliebtheit der sich formierenden Salonkultur und initiierte eine wöchentlich stattfindende Teegesellschaft, die recht bald den Mittelpunkt des gesellschaftlichen Lebens in Weimar bildete und regelmäßig von Goethe aufgesucht wurde. Darüber hinaus gelang es Johanna Schopenhauer durch die Veröffentlichung von Romanen, Novellen und literarischen Reisebeschreibungen, das öffentliche Ansehen von Autorinnen in der Gesellschaft zu stärken.

Fernab von literarischen Werken gab es in der Goethezeit eine Vielzahl an Frauen, die als Schauspielerinnen tätig waren und durch ihre Darbietungen auf der Bühne eine finanzielle Unabhängigkeit erzielten. So verschaffte das Theater den Frauen nicht nur die Möglichkeit, Geld zu verdienen, und somit eine finanzielle Unabhängigkeit zu erzielen, sondern auch einer unerwünschten Heirat auszuweichen (vgl. Dawson 1988, 421). Es war vor allem der Bereich des Theaters, der die weibliche Selbstbestimmung förderte und so gab es auch Frauen, die im Bereich der Bühnendichtung tätig waren oder ausländische Theaterstücke übersetzten. So nutzten Autorinnen oftmals auch die Bühne, um auf die weibliche Emanzipation aufmerksam zu machen, und einen Beitrag zur Verbesserung der Situation von Frauen zu leisten. Erwähnenswert ist das von Karoline Luise von Klencke (1750–1802) verfasste Bühnenstück *Der ehrliche Schweizer* (1776), in dem eine selbständige junge Frau dargestellt wird. Es ließe sich das Lustspiel *Die Kriegslist* (1792) von Marianne Weikard (1770–1823) hinzufügen, in dem eine geistreiche weibliche Heldin im Mittelpunkt der Handlung steht. Trotz vielfacher Bemühungen hinsichtlich der Stärkung der weiblichen Unabhängigkeit waren die Frauen nach wie vor einer Reihe von gesellschaftlichen Schranken ausgesetzt, die eine weitere Entfaltung der Emanzipation behinderten. So traten viele Frauen nach wie vor in der Rolle der Liebhaberin, Mutter und Soubrette auf der Bühne in Erscheinung (vgl. Dawson 1988, 421). Die restriktiven Entfaltungsmöglichkeiten von Frauen brachte eine Schauspielerin im Jahr 1784 auf den Punkt und so lieferte sie eine gängige Beschreibung für die Rolle der Frau auf der Theaterbühne:

> Des tugendhaften und rechtsschaffenen Weibs gröste Würde ist, verborgen zu bleiben; ihr Ruhm besteht in der Hochachtung ihres Manns: und ihr Vergnügen ist das Glück der Familie (in Dawson 1988, 421).

Es waren vor allem die geschlechtsspezifischen Festlegungen in der Gesellschaft, die die Möglichkeiten von Frauen im Bereich des Theaters stark einschränkten. Dennoch ist gerade die Goethezeit gezeichnet von umfassenden emanzipatorischen Entwicklungen, die zur Folge haben, dass Autorinnen eigenständige Publikationen hervorbringen und im Vergleich zu früheren Epochen nicht mehr unter einem Pseudonym veröffentlichen. Es ist aber auch das weibliche Lesepublikum, dass als solches in Erscheinung tritt und die gesellschaftliche Anerkennung in den Jahren um 1800 begünstigt.

3. Gesellschaft, Politik und Kultur

Die Goethezeit ist gezeichnet von großen politischen und sozialen Umbrüchen, die sich auch nachhaltig auf die literarischen Werke und Theaterstücke, die in dieser Zeit entstehen, auswirken. So sind die in der Literatur und auf der Bühne dargestellten gesellschaftlichen Konflikte, wie sie beispielsweise in Goethes *Götz von Berlichingen* und Schillers *Die Räuber* (1781) verdeutlicht werden, ein Ausdruck davon, dass sich das soziale Leben der Menschen in den Jahren um 1800 in vielfacher Hinsicht veränderte. Vor diesem Hintergrund ist es von zentraler Bedeutung, auf die historischen und gesellschaftlichen Entwicklungen, die in der Goethezeit stattfanden, einzugehen, da diese Mechanismen maßgeblich auch die inhaltliche Gestaltung der Literatur prägten und ein umfassendes Hintergrundwissen letztlich auch erforderlich ist, um die Aussagen in den literarischen Werken besser interpretieren zu können.

Das wichtigste historische Ereignis der Goethezeit war schlichtweg die Französische Revolution im Jahr 1789 und der in Folge einsetzende Napoleonische Eroberungskrieg. Beide Ereignisse prägten die politische Situation in den deutschsprachigen Gebieten nachhaltig und führten zu unterschiedlichen Reformen vor allem in den Bereichen Verwaltung und Schule sowie im Wirtschafts- und Finanzwesen. Innerhalb der Gesellschaft setzte eine starke Verbürgerlichung ein und in den von Frankreich besetzten Gebieten wurde durch den ‚Code civil' die Freiheit und Rechtsgleichheit der Bewohner gestärkt, so dass sich die soziale Emanzipation und das politische Mitspracherecht von breiten Schichten der Bevölkerung verbesserte (vgl. Dörr 2007, 25). Obgleich viele gesellschaftliche und soziale Veränderungen durch die Franzosen begünstigt wurden und Frankreich vor allem im frühen 18. Jahrhundert im kulturellen Bereich ein Vorbild war, so setzte gegen Ende des 18. Jahrhunderts eine starke Abkehr vom französischen Leitbild ein (vgl. Dörr 2007, 25).

Es waren Autoren wie Lenz und Schiller, die durch ihre Schriften die literarische Eigenständigkeit im deutschsprachigen Raum stärken wollten und sich folglich gegen die französischen Impulse richteten. Mit anderen Worten: Die Herausbildung der deutschsprachigen Literatur in der Goethezeit war eng verknüpft mit der deutschen Nationenbildung. Die in der Goethezeit entstandene Literatur kann somit als ein Ausdruck zur Formierung der nationalen deutschen Kultur verstanden werden, was freilich in der literaturgeschichtlichen Entwicklung gänzlich nicht neu ist und so wurde auch in früheren Epochen die Literatur bereits als ein Ausdruck von nationaler Identität verstanden. Doch das Besondere an den gesellschaftlichen und politischen Veränderungen in den Jahren um 1800 war, dass die zeitaktuellen Entwicklungen auch in der Literatur der Goethezeit zum Ausdruck kommen. So führte die Stärkung der zivilen Rechte in der Bevölkerung zu einer Abkehr von der adligen Oberschicht, wie sie ja letztlich auch in vielen literarischen Werken der Goethezeit zum Ausdruck kommt. Die sich herausbildende bürgerliche Gesellschaft bewirkte, dass die soziale Stellung nunmehr nicht mehr nur durch die Herkunft aus der gesellschaftlichen Schicht eines Menschen geprägt wurde, sondern dass ein Aufstieg in eine andere Schicht möglich war und durch die Bildung eines Menschen begünstigt werden konnte.

Trotz vielfältiger gesellschaftlicher und sozialer Veränderungen blieben die deutschsprachigen Gebiete im europäischen Vergleich vor allem in wirtschaftlicher Hinsicht rückständig. Im Vergleich zu England, wo ein wirtschaftlicher Aufschwung in Folge der Industrialisierung einsetzte, waren die deutschsprachigen Gebiete nach wie vor stark agrarisch geprägt und so ist davon auszugehen, dass um 1800 noch etwa 60% der Bevölkerung in der Landwirtschaft beschäftigt waren (vgl. Dörr 2007, 17). Es war die Zersplitterung der deutschsprachigen Gebiete in sogenannte Duodezstaaten, die sich negativ auf die wirtschaftliche Entfaltung auswirkte, da Handelsbeziehungen durch Zölle erschwert wurden und ein florierendes

Wirtschaftswesen somit beeinträchtigt wurde. So ist davon auszugehen, dass es um 1800 „im Heiligen Römischen Reich Deutscher Nationen 314 selbstständige Territorien gab" (vgl. Dörr 2007, 16). Doch die Zersplitterung in Kleinstaaten bewirkte, dass wirtschaftliche und gesellschaftliche Entwicklungen zeitlich unterschiedlich verliefen. Darüber hinaus wirkten sich auch die Folgen des Dreißigjährigen Krieges und die damit verbundenen Verluste in der Bevölkerung nach wie vor negativ auf die wirtschaftliche Entwicklung im deutschsprachigen Raum aus. Eine Kehrtwende setzte allerdings mit den Beschlüssen des Wiener Kongresses (1814/15) ein, die zur Folge hatten, dass der deutschsprachige Raum auf 39 Einzelstaaten reduziert wurde und somit das wirtschaftliche Wachstum begünstigt werden konnte. Die umfangreichen Veränderungen in den Bereichen Politik und Gesellschaft wirkten sich auch nachhaltig auf die Entstehung der Literatur aus. So sind die in der Goethezeit entstandenen literarischen Werke eine Ausdruck davon, welche vielfältigen politischen Entwicklungen innerhalb der Gesellschaft vollzogen wurden. Daher betrachtet Walter Benjamin (1892–1940) die um 1800 entstandene Literatur als eine moderne Phase innerhalb der deutschsprachigen Literaturgeschichte, die geprägt ist von außerliterarischen Einflüssen, wie das folgende Zitat verdeutlicht:

> Es war aber die verhängnisvolle Schwäche dieser spezifisch deutschen revolutionären Bewegung, daß sie mit den ursprünglichen Parolen der bürgerlichen Emanzipation, der Aufklärung, sich nicht zu versöhnen vermochte. Die bürgerliche Masse, die „Aufgeklärten", blieben durch eine ungeheure Kluft von ihrer Avant-Garde getrennt. Die deutschen Revolutionäre waren nicht aufgeklärt, die deutschen Aufklärer waren nicht revolutionär (Benjamin 1991, 706).

Walter Benjamin verwendet die Stichwörter „revolutionär", „bürgerlich" und „Avant-Garde" zur Beschreibung der Literatur um 1800. Es soll in den nachfolgenden Kapiteln anhand unterschiedlicher Literaturgattungen aus den Bereichen Epik, Lyrik und Dramatik überprüft werden, inwiefern die von Benjamin verwendeten Stichwörter zutreffend sind, wo Abweichungen erkennbar sind und Ergänzungen vorgenommen werden müssen.

Fragen und Anregungen

- Erläutern Sie die zentralen Entwicklungen, die sich im Verlauf der Goethezeit auch auf die Literaturproduktion ausgewirkt haben und gehen Sie bei der Beantwortung der Frage auch auf die Unterschiede zu früheren Epochen ein.
- Verdeutlichen Sie inwiefern sich in der Goethezeit der Berufszweig des Autors veränderte.

- Erläutern Sie die Bedeutung Weimars für die Entfaltung einer literarischen Öffentlichkeit im ausgehenden 18. Jahrhundert.
- Schildern Sie welche gesellschaftlichen und politischen Ereignisse sich in den Jahren um 1800 ereigneten und wie diese Geschehnisse die Entfaltung der Literatur in der Goethezeit prägten.
- Erörtern Sie welche emanzipatorischen Prozesse sich in der Goethezeit vollzogen.

Lektüreempfehlungen

Alt, Peter André: Aufklärung. 3. Aufl. Stuttgart [u.a.]: Metzler 2007.

Bosse, Heinrich: Autorschaft ist Werkherrschaft. Über die Entstehung des Urheberrechts aus dem Geist der Goethezeit. Paderborn [u.a.]: Schöningh 1981.

Bosse, Heinrich: Bildungsrevolution 1770–1830. Hrsg. mit einem Gespräch von Nacim Ghanbari. Heidelberg: Winter 2012 (Reihe Siegen; Beiträge zur Literatur-, Sprach- und Medienwissenschaften, 169).

D'Aprile, Iwan-Michelangelo/Siebers, Winfried: Das 18. Jahrhundert. Zeitalter der Aufklärung. Berlin: Akademie Verlag 2008 (Akademie Studienbücher Literaturwissenschaft).

Oellers, Norbert/Steegers, Robert: Weimar. Literatur und Leben zur Zeit Goethes. 2. Aufl. Stuttgart: Reclam 2009 (Reclam-Taschenbuch, 20182).

III. Aufbaumodul 1: Das Theater der Goethezeit

1. Zur Modernisierung des Theaterwesens

Im Jahr 1769 konstatierte Gotthold Ephraim Lessing (1729–1781) in der *Hamburgischen Dramaturgie* (1767–1769), dass es an der Zeit sei, „den Deutschen ein Nationaltheater zu verschaffen, da wir Deutsche noch keine Nation sind!" (in Karthaus 2007, 72). Obgleich Lessing im eigentlichen Sinne nicht zu den Autoren und Theaterschaffenden der Goethezeit zu rechnen ist, so bringt sein Bekenntnis überaus deutlich den Zustand des Theaterwesens im letzten Drittel des 18. Jahrhunderts zum Ausdruck. Aufgrund der politischen Zerrissenheit und territorialen Spaltung der deutschsprachigen Gebiete bestand das Theaterwesen der Goethezeit zum einen aus Theatertruppen mit wechselnden Gastspielen und zum anderen aus fest etablierten Hoftheatern. Es waren insbesondere die von einem zum anderen Ort reisenden Theatertruppen, die einen gesellschaftlich und moralisch anrüchigen Ruf hatten und im Gegensatz standen zu den fest angestellten Schauspielern der Hoftheater. Während in den Hoftheatern Opern und Ballette sowie französische und italienische Theaterstücke dargeboten wurden, die nur von den Angehörigen der Hofgesellschaft besucht werden konnten, so trugen die Wandertruppen ihre Inszenierungen für breite Teile der Bevölkerung dar. Doch die Wandertruppen waren erheblichen Vorurteilen ausgesetzt und so bezweifelte man ihre Wirksamkeit und den finanziellen Erfolg ihrer Darbietungen. Dennoch zeichnete sich in der Entwicklung des deutschsprachigen Theaterwesens in der Goethezeit ein Wechsel vom höfischen zum bürgerlichen Theater ab. Es waren insbesondere die Städte Hamburg, Gotha, Weimar und Mannheim, die die Modernisierung des Theaters in den Jahren um 1800 voranbrachten.

Doch die Zerrissenheit der Theaterkultur war das eigentliche Problem und so war es das Anliegen der Theaterschaffenden, ein deutsches Nationaltheater zu errichten, und somit die Spaltung des deutschsprachigen Theaterwesens zu überwinden. Zu den ersten Befürwortern einer Modernisierung des deutschsprachigen Theaterwesens gehörte Friedrich II. von Preußen (1712–1786), der den bürgerlichen Kreisen bereits einen Zutritt zu seinem Hoftheater gestattete. In den nachfolgenden Jahren folgten einzelne Fürsten dem Beispiel von Friedrich II. von Preußen und öffneten ihre Hoftheater für breite Teile der Bevölkerung. So errichtete Joseph II (1741–1790) im Jahr 1776 in Wien ein Hof- und Nationaltheater, dass allerdings noch seiner Verwaltung unterlag. Ein Jahrzehnt später wurde unter der Regierung Friedrich Wilhelms II. (1744–1797) am Gendarmenmarkt das Königliche Nationaltheater errichtet, das vor allem durch die dargebotenen neuartigen dramaturgischen Darstellungsformen entscheidende Impulse für die Weiterentwicklung der Bühnenkunst im deutschsprachigen Raum lieferte. Es war vor allem Heinrich Gottfried Koch (1703–1775), der eine entscheidende Rolle bei der Modernisierung des Theaterwesens im Raum Berlin spielte und so erhielt er im Jahr 1771 sogar vom König die Lizenz zur Eröffnung einer Komödie in der Behrenstraße, was dazu führte, dass er sich in den nachfolgenden Jahren auch über die Landesgrenzen von Berlin hinaus einen Namen machte. Sein Erfolg basierte vor allem auf dem abwechslungsreichen Repertoire seiner Inszenierungen und so bot er den Theaterbesuchern französische und italienische Lustspiele sowie Ballette, aber auch Opern (vgl. Karthaus 2007, 75). Neben der Inszenierung von ausländischen Theaterstücken scheute er sich auch nicht, die inhaltlich brisanten Bühnenwerke deutschsprachiger Autoren auf die Bühnen zu bringen und so wurde Goethes *Götz von Berlichingen* im Jahr 1774 in Berlin unter der Regie von Koch uraufgeführt. Der Spielplan der von Koch inszenierten Bühnenwerke lässt bereits erkennen, dass zum einen nach wie vor die französischen und italienischen Theaterstücke auf den Spielplänen standen. Zum anderen erfreuten sich aber auch die Dramen der deutschsprachigen Autoren auf den Bühnen einer großer Beliebtheit. Es zeigt sich, dass das Theater im letzten Drittel des 18. Jahrhunderts zwischen ausländischen und deutschsprachigen Inszenierungen changierte, was zur Folge hatte, dass viele Theaterschaffende ihre künstlerischen Fähigkeiten noch nicht vollends frei entfalten konnten. Besonders eindringlich beschreibt Goethe die engen Entfaltungsmöglichkeiten für Theaterschaffende in *Torquato Tasso* (1790).

Das Werk verdeutlicht den Zwiespalt des Dichters Tasso, der am Hofe des Fürsten von Ferrera in Belriguardo tätig ist und sich den künstlerischen Interessen seines Auftraggebers anpassen muss, somit sein Talent nicht voll entfalten kann. Tasso verkörpert die bienséance und das décorum der damaligen höfischen Repräsentationskunst, doch wird er zugleich zum Ausdruck des modernen Künstlertums, da er letztlich Möglichkeiten findet, um sein schöpferisches Talent frei entfalten zu können (vgl. Dörr 2007, 127 f). Goethe ist es gelungen, mit der Figur des Tasso ein Spannungsfeld zwischen der „Fremd- und Selbstbestimmung des Künstlers in einer Zeit des Umbruchs zur Kunstautonomie" (Dörr 2007, 129) zu schaffen. Zwar hat Goethe die Handlung seines Werkes in das 16. Jahrhundert verlegt, doch verdeutlicht er zugleich die damalige Situation von Künstlern am Hofe und den inneren Widerspruch des Künstlers zwischen Anpassung und Selbstbehauptung.

Trotz vielfacher Modernisierungsprozesse im Bereich des Theaters waren die Kulturschaffenden in der Goethezeit nach wie vor erheblichen Restriktionen ausgesetzt. Besondere Beeinträchtigungen erfuhr die künstlerische Entfaltung vor allem durch die Theaterzensur, die sich nachhaltig auf den Text und die Aufführung auswirkte; so war es die Obrigkeit, die letztlich die Berechtigung dazu hatte, Inszenierungen zu genehmigen, oder sogar zu verbieten. So wurde Schiller von Herzog Karl Eugen von Württemberg (1728–1793) dazu angehalten, statt Theaterstücke wie *Die Räuber* vielmehr Komödien zu verfassen (vgl. Karthaus 2007, 73).

Aufgrund der engen Entfaltungsmöglichkeiten im Bereich des Theaterwesens wagten den Sprung in die künstlerische Freiheit nur wenige Autoren und viele Theaterschaffende passten sich den Wünschen ihrer Auftraggeber an, was vor allem finanzielle Gründe hatte. Enge Möglichkeiten der künstlerischen Entfaltung hatten auch die in den Jahren um 1800 tätigen Schauspieler. Dennoch kommt vielen der in der damaligen Zeit tätigen Schauspielern eine besondere Bedeutung bei der Modernisierung des Theaters zu. Es waren vor allem neue Formen der Körperbewegungen und der Aussprache, die den innovativen Theaterstil im deutschsprachigen Raum einleiteten. Zu den bedeutendsten Schauspielern in der Goethezeit gehörte Friedrich Ludwig Schröder (1744–1816), der in Inszenierungen von Goethes *Wilhelm Meister*, *Clavigo* (1774) *Götz von Berlichingen* mitwirkte und in Schillers *Kabale und Liebe* (1784) sowie *Don Carlos* (1787), aber auch Klingers *Die Zwillinge* (1776) und Lenz' *Der Hofmeister* (1778) auf der Bühne stand (vgl. Karthaus 2007, 74). Das Besondere an seinen Darbietungen war, dass er seine Körpersprache und den Gesichtsausdruck einsetzte, um der Rolle einen besonderen Ausdruck zu verleihen. So überwand er den üblichen Deklamationsstil der damaligen Zeit und trug zur freien Entwicklung der Schauspielkunst im deutschsprachigen Raum bei. Doch Schröder machte nicht nur durch seine ausdrucksstarken Darstellungen von sich Reden, sondern übersetzte ausländische Theaterwerke ins Deutsche und verfasste auch eigene Werke. Zudem bearbeitete er auf dramaturgischer Ebene die Werke von Shakespeare und passte sie den Darstellungsmöglichkeiten der Schauspieler an. Damit trug Schröder erheblich dazu bei, die weit verbreitete Auffassung zu widerlegen, dass die Werke von Shakespeare nicht aufführbar seinen.

Es lässt sich erkennen, dass die Schauspieler bei der Modernisierung des deutschsprachigen Theaterwesens eine entscheidende Rolle spielten und so wurde von vielen Kulturschaffenden dazu aufgerufen, die Schauspielkunst grundlegend zu reformieren und weiterzuentwickeln. Ein öffentliches Bekenntnis lieferte auch Lenz ab, der in seiner Abhandlung *Anmerkungen übers Theater* (1774) für eine Natürlichkeit der schauspielerischen Darbietung plädiert und davon ausgeht, dass so die Individualität des Schauspielers betont werden würde und die persönliche Eigenart besser zur Geltung kommen könnte. Die gedanklichen Auseinandersetzungen mit der Schauspielkunst bewirkten nicht nur umfassende Veränderungen im Bereich der künstlerischen Darbietung, sondern hatten zur Folge, dass der Berufsstand der Schauspieler in der Gesellschaft eine Aufbesserung erfuhr.

So ernannte Joseph II. die am Wiener Burgtheater ansässigen Schauspieler zu Hofbeamten und in Berlin wurde August Wilhelm Iffland (1759–1814) im Jahr 1811 vom Preußischen König mit einem Orden für sein vielfältiges künstlerisches Wirken ausgezeichnet (vgl. Karthaus 2007, 72). Mit anderen Worten: Der Berufsstand des Schauspielers erfuhr ein soziales und gesellschaftliches Ansehen, was in früheren Epochen noch nicht der Fall war.

Es zeigt sich, dass das Theater im deutschsprachigen Raum vor allem im letzten Drittel des 18. Jahrhunderts zunehmend an Bedeutung gewann; die Begeisterung der Bühnenzuschauer für die Darstellungen auf der Bühne führte allerdings auch dazu, dass die Kirchen an Einfluss verloren. Es wurde den Theaterbesuchern gezeigt, dass nicht die kirchliche Obrigkeit den Werdegang des Menschen beeinflusst, sondern dass ein jeder auf sich selbst gestellt ist und die Geschehnisse in der Welt leiten kann. Vor diesem Hintergrund sprach das Theater die menschlichen Bedürfnisse der Menschen an und stellte Probleme auf unterhaltsame Weise dar, die denen der Theaterbesucher durchaus gleichkamen. Der in der Folge einsetzende Wandel des kirchlichen Einflusses ging an den Kirchenvätern nicht unbemerkt vorüber und so gesteht der in Hamburg tätige Pastor Johann Melchior Goeze (1717–1786) in einem Brief an Elise Reimarus (1735–1805) vom 6. September 1778: „Ich muß versuchen, ob man mich auf meiner alten Kanzel, auf dem Theater wenigstens […] will predigen lassen" (in Karthaus 2007, 77).

Es waren unterschiedliche Entwicklungsprozesse die das Theaterwesen in der Goethezeit erfuhr und die letztlich auch bewirkten, dass sich das Theater als öffentlich anerkannte und finanzierte Institution, wie es ja heutzutage der Fall ist, herausbilden konnte. Zum einen waren es die Bemühungen von Goethe, Schiller und weiterer Autoren, die durch ihre neuartigen Bühnenstücke die Entwicklungsprozesse in den Gang brachten. Zum anderen waren es die Schauspieler und Prinzipalen, die die Entwicklung des modernen Theaters ebneten und Spuren hinterließen, die sich bis heute auf das deutschsprachige Theaterwesen auswirken.

2. Programmatisches zu Drama und Theater

Mit der Darstellung von zeitaktuellen Themen auf der Bühne vollzog sich ein Bruch mit den zuvor vertretenen Auffassungen des Theaterwesens. Während Gottsched von der Vorstellung geleitet war, Grundsätze von Moral und Tugend auf der Bühne darzustellen, so versuchte man ab dem letzten Drittel des 18. Jahrhunderts den Theaterbesucher mit Episoden des menschlichen Lebens zu konfrontieren, in die sich die Zuschauer problemlos hineinversetzen konnten und die für das Publikum nachvollziehbar waren. Zugleich vollzog sich eine Abkehr von der bis dahin vertretenen Theorie des Dramas, die vor allem einen Bruch mit der Einheit des Ortes, der Zeit und Handlung zur Folge hatte. Die Theaterschaffenden waren darum bemüht, individuelle Charaktere auf der Bühne darzustellen, die sich durch dramaturgische Formen nicht einengen lassen, sondern lebendig wirken. So entwickelte das deutschsprachige Theater allmählich neue Formen und Theorien, was zur Folge hatte, dass die Bühnendarstellungen lebendiger, vielfältiger und reizvoller, schlichtweg für die Zuschauer attraktiver wurden.

Um jedoch den Theaterbesuchern ansprechende Bühneninszenierungen zu bieten, waren zunächst vielfältige theoretische Überlegungen notwenig. So setzten sich die Theaterschaffenden auf theoretischer Ebene vor allem damit auseinander, wie das deutschsprachige Theater von den bereits vorhandenen Theorien der Theaterkunst abgegrenzt werden kann und eigenständige Erkenntnisse hervorbringen kann. Besonders eindringlich weist Herder in seiner 1771 verfassten Abhandlung *Von Deutscher Art und Kunst* darauf hin, dass das griechische Theater und die poetologischen Regeln dem deutschsprachigen Theaterschaffenden kein Vorbild sein sollten, stattdessen eigene Regeln entwickelt werden sollten, da sich nur so eine Erneuerung des Theaterwesens vollziehen würde. Ausführlich setzte sich Herder in seiner theoretischen Abhandlung mit Shakespeare auseinander und fordert für den deutschsprachigen Raum, dass der Zuschauer im Theater in eine Traumwelt entführt werden sollte. Nach Ansicht von Herder sollten auf der Bühne menschliche Handlungen dargestellt werden, die eine emotionale Reaktion beim Theaterbesucher auslösen und dafür bedarf es keiner strengen Einheit von Raum, Zeit und Ort. Ausgehend von dieser Erkenntnis kommt Herder zu der Auffassung, dass eine strenge Trennung von Tragödie und Komödie, wie sie ja in früheren Jahrzehnten des 18. Jahrhunderts vertreten war, fortan nicht mehr erforderlich ist.

Durch seine theoretischen Erörterungen trug Herder in der Öffentlichkeit dazu bei, die bisherigen Gattungsnormen kritisch zu hinterfragen und eine Abkehr vom klassischen Drama nach französischem Vorbild einzuleiten. Doch das Besondere an der theoretischen Abhandlung von Herder war, dass er die Unzufriedenheit mit dem bestehenden Theaterwesen öffentlich machte und die Theaterschaffenden zu innovativen Bühnendarstellungen aufforderte. Mit einem Hauch an kritischen Einwänden gegenüber dem deutschsprachigen Theater forderte er eine Abkehr von der Tradition früherer Epochen, wenngleich er sich auch auf theoretischer Ebene vielfach mit den Bühneninszenierungen der Vergangenheit auseinandersetzte und die Erkenntnisse durchaus auch für seine eigenen Überlegungen aufgriff.

Eine weitere theoretische Abhandlung zur Modernisierung des deutschsprachigen Theaters lieferte Lenz, der sich in seinen Ausführungen gegen die Auffassungen von Herder richtete. So plädierte Lenz in dem 1776 verfassten Aufsatz *Über die Veränderung des Theaters im Shakespeare* dafür, die Regeln des klassischen Dramas beizubehalten und richtet sich damit gegen die theoretischen Überlegungen von Herder. Zwar räumt Herder ein, dass auf der Bühne durchaus Geschehnisse dargestellt werden sollten, die für den Theaterbesucher nachvollziehbar seien und an zeitaktuelle Geschehnisse anknüpfen sollten, doch stellt er bei der Vermischung von Gattungsgrenzen zwischen Komödie und Tragödie die Darstellungsabsicht radikal in Frage. Zudem kritisiert er den Verzicht auf die Einheit der Handlung sowie die häufigen Orts- und Zeitsprünge im Drama des Sturm und Drang. Aus seiner Sicht sollte die Inszenierung auf der Bühne beim Publikum eine „Erregung des Interesse[s]" (WB 2, 745) auslösen und dafür sollten „große[] und wahre[] Charaktere und Leidenschaften" (WB 2, 745) dargestellt werden. Vor diesem Hintergrund fordert Lenz zwar eine Reformierung des deutschsprachigen Theaters, jedoch nicht eine komplette Auflösung von den gängigen dramatischen Regeln.

Einen entscheidenden Beitrag zur öffentlichen Anerkennung des Theaters leistete Schiller mit seinen Abhandlung *Ueber das gegenwärtige teutsche Theater* (1782) und *Die Schauerbühne als eine moralische Anstalt betrachtet* (1784), denn in beiden Schriften setzte sich Schiller mit dem Sinn und Zweck des Theaters auseinander und verdeutlichte auf anschauliche Weise, dass die Darstellungen auf der Bühne weder moralisch verwerflich noch unnützlich seien. Seiner Ansicht nach sollte das Theater zwar ein Spiegel des menschlichen Lebens sein, doch sollten die Bühnendarstellungen die alltäglichen Handlungen des Menschen nicht beeinflussen. Schiller hebt in seinen Schriften stattdessen hervor, dass der Theaterbesucher mit Menschen bekannt gemacht werden sollte, die sich nicht hinter Masken verbergen, sondern auf der Bühne ihr wahres Ich offenbaren. So fordert Schiller von den Theaterschaffenden, dem Publikum die Laster und Tugenden der Menschen offen zur Schau zu stellen, was natürlich in früheren Epochen aufgrund der didaktischen Funktion des Theaters noch stark angezweifelt wurde. Doch Schiller ist überzeugt davon, dass nur so das Theater dazu dienen kann, dem Zuschauer bessere Menschenkenntnisse zu vermitteln, denn durch das Dargestellte würde der Theaterbesucher einen unfehlbaren „Schlüssel zu den geheimsten Zugängen der menschlichen Seele" (SW 20, 95) erhalten. Der Zuschauer könnte auf diese Weise für sein eigenes Leben und das der Anderen grundlegende Erkenntnisse mit nach Hause nehmen, so dass der Bühneninszenierung durchaus auch eine lehrhafte Bedeutung beigemessen wird. So sieht Schiller den besonderen Vorteil des Theaters darin begründet, dass der Theaterbesucher durch die dargestellten Handlungen auf der Bühne ein Verständnis dafür erhält, mit Niederlagen und Leiden, schlichtweg mit negativen Erfahrungen, besser umzugehen. Doch ist Schiller davon überzeugt, dass ein Theaterbesucher erst von dem auf der Bühne dargestellten Handlungen lernen kann, wenn er sich in die Figuren und Ereignisse hineinversetzen kann. Vor diesem Hintergrund kritisiert Schiller vor allem die französische tragédie classique, die einen „kalten, deklamatorischen" (SW 20, 197) Ton verbreiten würde und räumt zugleich ein, dass es den Griechen hingegen noch gelungen sei, die „leidende Natur" (SW 20, 197) und damit „den Menschen" (SW 20, 199) so wie er ist, darzustellen.

Betrachtet man die von Schiller konzipierten Erkenntnisse mit den theoretischen Abhandlungen früherer Epochen, so erkennt man, dass er vor allem an die von Lessing in seiner *Hamburgischen Dramaturgie* vertretenen Erkenntnisse anknüpft. So sind beide der Auffassung, dass die auf der Bühne dargestellte Handlung emotionale Reaktionen beim Zuschauer hervorrufen soll. Sowohl Lessing als auch Schiller waren davon überzeugt, dass durch die Geschehnisse auf der Bühne eine moralische Verbesserung des Menschen hervorgerufen werden kann. Es zeigt sich, dass sich Schiller mit den im 18. Jahrhundert vertretenen Auffassungen über das Theaterwesen gedanklich auseinandersetzt, jedoch über die Erkenntnisse von Lessing hinausgeht und eigenständige Theorien über das Theater hervorbringt. In den nachfolgenden Jahren verfasste Schiller weitere theoretische Schriften über das Theater, zu denen die Aufsätze *Ueber den Grund des Vergnügens an tragischen Gegenständen* (1792), *Ueber die tragische Kunst* (1792) und *Vom Erhabenen* (1793) gehören, die in seiner eigenständig herausgegebenen Zeitschrift *Neue Thalia* in den Jahren von 1792–1793 veröffentlicht wurden. Auch in den nachfolgenden dramentheoretischen Abhandlungen verarbeitet Schiller erneut die theoretischen Auffassungen von Lessing, doch gelingt es ihm zugleich eigenständige Erkenntnisse über die emotionale Wirkung des Dargestellten auf den Zuschauer zu liefern. Weitere theoretische Überlegungen von Schiller sind in einer Selbstrezension zu *Die Räuber* enthalten oder in den Vorreden zu *Die Räuber*, *Die Verschwörung Fiesco zu Genua* (1783) und *Don Karlos* integriert.

Doch das Besondere an Schiller war, dass er nicht nur durch seine theoretischen Erkenntnisse das deutschsprachige Theater modernisierte, sondern es ihm auch gelang, die neu gewonnenen Auffassungen über das Theater auf der Bühne entsprechend umzusetzen. In der Literatur- und Theatergeschichte kommt Schiller demzufolge eine besondere Bedeutung zu, die auch Thomas Mann (1875–1955) in einer Rede im Mai 1955 zum Ausdruck brachte:

Er hat sich ein persönliches Theater-Idiom erfunden, unverwechselbar nach Tonfall, Gebärde und Melodie, sofort als das seine zu erkennen, – das glänzendste, rhetorisch packendste, das im Deutschen und vielleicht in der Welt je erfunden worden, eine

Mischung von Reflexion und Affekt, des dramatischen Geistes so voll, daß es schwer ist seither, von der Bühne zu reden, ohne zu „schillisieren" (Mann 1990, 894).

Das Wirken von Schiller im Bereich des Theaters hinterließ somit weitreichende Spuren, was sich vor allem damit begründen lässt, dass er auf theoretischer Ebene entscheidende Erkenntnisse über die Weiterentwicklung des Dramas lieferte. Daher gilt Schiller bei vielen Zeitgenossen als bedeutendste Gestalt bei der Modernisierung des Theaters in der Goethezeit.

3. Formen und Tendenzen

Im letzten Drittel des 18. Jahrhunderts vollziehen sich im Bereich des deutschsprachigen Theaters umfassende Veränderungen, die bis weit in das 21. Jahrhundert wirken. So erfährt das Theater im deutschsprachigen Raum einen Wandel der Gattungen, was zur Folge hat, das neue Formen entstehen und zuvor etablierte Gattungen schwinden, da sie den Publikumsinteressen nicht mehr entsprechen. Noch im Jahr 1784 berichtet Johann Pezzl (1756–1823) über die vielfältigen Darstellungsformen des deutschsprachigen Theaters und zählt dazu Komödien sowie „weltliche und geistliche Schauspiele" (in Meyer 1980, 186), aber auch „Gaukler, Taschenspieler, Seiltänzer, Marionetten, Komödien, Tragödien, Charfreitagsprozessionen, Fronleichnamsprozessionen, Mirakelwirkereien, etc" (in Meyer 1980, 186). In den nachfolgenden Jahren vollzieht sich allerdings eine Entwicklung dahingehend, dass das deutschsprachige Theater nicht mehr aus einer Vielzahl an Gattungen besteht, sondern einzelne Formen eine stärkere Bedeutung erfahren. So wird das Stegreifspiel durch das literarische Drama verdrängt und das geistliche Schulspiel wird nahezu eingestellt (vgl. Meyer 1980, 186).

Weitere Veränderungen betreffen die Wandertruppen, die in festen Theatern integriert werden, so dass die Schauspieler in der damaligen Zeit sesshaft und mitunter in die bürgerliche Gesellschaft eingegliedert wurden (vgl. Meyer 1980, 186). Die angeführten Entwicklungsprozesse im Bereich des Theaterwesens und die politischen Ereignisse wirkten sich auch auf die Formen sowie die inhaltliche Gestaltung der Theaterstücke aus. So wird insbesondere die Komödie dazu inszeniert, um Kritik an den bestehenden gesellschaftlichen Verhältnissen zu üben.

Es war vor allem Lenz, der in seinen Theaterstücken auf die sozialen Missstände aufmerksam machte und hochaktuelle Themen der damaligen Zeit in seinen Werken verarbeitete. In dem 1774 verfassten Werk *Der Hofmeister* greift er sämtliche Fragen des Bildungssystems auf und übt Kritik an der schulischen Ausbildung der nachfolgenden Generationen. Zudem setzt er sich in *Die Soldaten* (1776) mit den Folgen der militarisierten Gesellschaft auseinander. Im Gegensatz zu den Darstellungen in der Hohen Tragödie oder in dem in der damaligen Zeit äußerst beliebten Bürgerlichen Trauerspiel beabsichtigte Lenz durch seine Theaterstücke nicht die individuelle Sichtweise von einzelnen Protagonisten auf der Bühne zu verdeutlichen, sondern die gesellschaftlichen Machtspiele offen und schonungslos darzustellen. Seine Komödien sind daher mit einem Hauch an Gesellschaftskritik versehen und so setzt er sich zum Ziel, mit seinen Komödien ein Panorama von der ganzen Gesellschaft zu liefern. Er beabsichtigte, den Schwerpunkt bei seinen Komödien in der Darstellung des unteren Standes zu legen, und die Menschen aus dieser Sicht so zu zeigen „wie sie sind; nicht, wie sie Personen aus einer höheren Sphäre sich vorstellen" (WB 3, 326).

Lenz folgt insofern den Auffassungen von Lessing, indem er die Komödie nicht mit Lachstücken gleichsetzt und darin keine leichte Unterhaltung vorkommt. Diese theatergeschichtliche Entwicklung hebt Lenz nicht nur in seinen theoretischen Schriften, von denen die Abhandlung *Anmerkungen übers Theater* stellvertretend verwähnt werden soll, sondern auch in seinen Komödien explizit hervor. So sind die Offiziere in den *Soldaten* überzeugt davon, dass eine Komödie schlichtweg der Unterhaltung dient; Lenz richtet sich jedoch direkt in dem Stück gegen die zuvor vertretene Auffassung über das Wesen der Komödie und unterbreitet dem Theaterbesucher neue Erkenntnisse über den Zweck der Komödie. Es zeigt sich, dass Lenz die Bühne nutzte, um dem Publikum Einblicke in seine theoretischen Überlegungen zu verschaffen.

In den nachfolgenden Jahren setzte sich Lenz weiterhin gedanklich mit den Darstellungsformen des deutschsprachigen Theaters auseinander und lieferte grundlegende Erkenntnisse, die für die Weiterentwicklung der Bühnenkunst von zentraler Bedeutung waren. So bestimmte Lenz nicht nur den Zweck der Komödie in den Jahren um 1800 neu, sondern lieferte eine interessante Abgrenzung zwischen der Komödie und Tragödie, wie das nachfolgende Zitat verdeutlicht:

> Ich nenne durchaus Komödie nicht eine Vorstellung die bloß Lachen erregt, sondern eine Vorstellung die für jedermann ist. Tragödie ist nur für den ernsthaftern Teil des Publikums […]. Die Komödien […] aber waren für das Volk, und der Unterschied von Lachen und Weinen war nur eine Erfindung späterer Kunstrichter. […] Komödie ist Gemälde der menschlichen Gesellschaft, und wenn die ernsthaft wird, kann das Gemälde nicht lachend werden. […] Daher müssen unsere deutschen Komödienschreiber komisch und tragisch zugleich schreiben, weil das Volk, für das sie schreiben, oder doch wenigstens schreiben sollten, ein solcher Mischmasch von Kultur und Rohigkeit, Sittigkeit und Wildheit ist (in D'Aprile/Siebers 2008, 164).

Wie die Ausführungen von Lenz verdeutlichen, wollte man auf der Bühne fortan nicht mehr nur die Episoden aus den höheren Schichten darstellen, sondern Theaterstücke darbieten, in denen sämtliche Angehörige der Gesellschaft vertreten sein sollten. Dieser Entwicklungsprozess begann freilich bereits im Laufe des 18. Jahrhunderts und wurde durch die Aufklärung mitbestimmt. Auch die Weiterentwicklung des Bürgerlichen Trauerspiels in der Goethezeit knüpft inhaltlich und dramaturgisch an die Darbietungsformen früherer Jahrzehnte an.

In besonderer Weise ist es Schiller, der die Züge des Bürgerlichen Trauerspiels früherer Epochen weiterführt und es geschickt versteht, mit dieser Gattung neue Tendenzen auf der deutschsprachigen Bühne zu setzen. So ist es Schiller mit *Kabale und Liebe* gelungen, ein Bühnenstück zu schaffen, dass besonders eindringlich Kritik an den herrschenden Zuständen übt. Im Oktober 1782 beginnt Schiller mit der Ausarbeitung von *Kabale und Liebe*, was bereits sein drittes Theaterstück in Folge werden soll und für einen Autor in der damaligen Zeit recht beachtlich war, wenn man bedenkt, dass er gerade mal 25 Jahre alt war. Im Zentrum des Bürgerlichen Trauerspiels, dass aus fünf Akten besteht, steht der junge Ferdinand, der sich in ein junges bürgerliches Mädchen verliebt hat und diese ehelichen möchte. Da Ferdinand adliger Abstammung, seine Auserwählte, Luise Miller, jedoch die Tochter eines bürgerlichen Stadtmusikanten ist, gehören beide unterschiedlichen Ständen an, was bei einer Heirat in der damaligen Zeit durchaus problematisch war.

Schiller greift auf inhaltlicher Ebene die noch bestehende Ständegesellschaft an und vermittelt durch die Tatsache, dass die Protagonisten aus unterschiedlichen Generationen und Schichten stammen, Einsichten in die verschiedenen gesellschaftlichen Vorstellungen einer Ehe. Es sind gerade die sozialen Gegensätze und Familienkonflikte, die diesem Theaterstück einen besonderen Reiz verleihen und auf Problematiken der damaligen Zeit aufmerksam machen. Schiller ist es jedoch nicht nur gelungen, den gesellschaftlichen Entwicklungen auf der Bühne eine neue Aussagekraft zu verleihen, sondern das Bürgerliche Trauerspiel zum Historiendrama zu transformieren. So führte die geschickte Inszenierung dazu, dass mit Schillers Wallenstein-Triologie in der Geschichte des deutschen Dramas ein neues Zeitalter begründet wurde. Die Wallenstein-Trilogie besteht aus dem einaktigen Vorspiel *Wallensteins Lager* (1798) und dem fünfaktigen Schauspiel *Die Piccolomini* (1799) sowie der fünfaktigen Tragödie *Wallensteins Tod* (1799). Es ist überliefert, dass die Ausarbeitung vom Frühjahr 1796 bis zum Frühjahr 1799 dauerte. Schiller, der das Theater als politische Schaubühne verstand, ist es gelungen, anhand eines historischen Stoffes auf die politischen Problematiken des ausgehenden 18. Jahrhunderts aufmerksam zu machen. Daher trägt Schillers Historiendrama viele Züge der Revolutionszeit in sich und verdeutlicht den Aufstieg und die Macht der politischen Führer. Doch ist es das eigentliche Ziel von Wallenstein, eine europäische Friedensordnung zu schaffen. Durch die Vielschichtigkeit des Bühnenstoffes wurde Schiller als Vorreiter des modernen politisch-historischen Dramas angesehen. Auch die weiteren historischen Dramen von Schiller, zu denen *Maria Stuart* (1800), *Die Jungfrau von Orleans* (1801), *Demetrius* (1804/05) gehören und die von ihm allesamt innerhalb von nur fünf Jahren geschaffen wurden, greifen die politische Entwicklung der Vergangenheit auf und widerspiegeln dennoch die aktuellen Zustände.

Fragen und Anregungen

- Beschreiben Sie den Wandel des Theaterwesens im Verlauf der Goethezeit.
- Erörtern Sie die zentralen Aussagen über das Theater in den theoretischen Texten der Goethezeit.
- Verdeutlichen Sie welche Rolle die Schauspieler bei der Veränderung des Theaterwesens in der Zeit um 1800 spielten.
- Skizzieren Sie inwiefern in den Theaterstücken der Goethezeit Kritik an der Gesellschaft geübt wurde.
- Erläutern Sie welche Möglichkeiten der Selbstentfaltung das Theater den Frauen in den Jahren um 1800 bot.

Lektüreempfehlungen

Englhart, Andreas: Einführung in das Werk Friedrich Schillers. Darmstadt: Wissenschaftliche Buchgesellschaft 2010 (Einführungen Germanistik).

Fulda, Daniel: Wissenschaft aus Kunst. Die Entstehung der modernen Geschichtsschreibung 1760–1860. Berlin [u.a.]: de Gruyter 1996 (European cultures; Studies in literatures and the arts, 7).

Huber, Martin: Der Text als Bühne. Theatrales Erzählen um 1800. Göttingen: Vandenhoeck&Ruprecht 2003.

Prüfer, Thomas: Die Bildung der Geschichte. Friedrich Schiller und die Anfänge der modernen Geschichtswissenschaft. Köln [u.a.]: Böhlau 2002 (Beiträge zur Geschichtskultur, 24).

Schößler, Franziska: Einführung in die Dramenanalyse. Unter Mitarbeit von Christine Bähr und Nico Theisen. Stuttgart [u.a.]: Metzler 2012.

IV. Aufbaumodul 2: Poetiken und Poetologien der Goethezeit

1. Zur Produktion und Verbreitung von poetischen Werken

In der Geschichte der deutschsprachigen Lyrik sind die Jahre der Goethezeit geprägt von einem immensen Anstieg an lyrischen Werken. An den Zeitgenossen der damaligen Zeit ging die zunehmende Anzahl an Gedichten, die vor allem in Zeitungen publiziert wurden, nicht unbemerkt vorüber und mitunter wurde der Zuwachs an lyrischen Werken mit einem kritischen Auge betrachtet. So moniert Johann Gottfried von Herder (1744–1803) im Jahr 1773 vor allem die mangelhafte Qualität der Gedichte und bemerkt, dass die Lyrik „oft schlecht gereimt" (HW 2, 480) ist und eigentlich den Ansprüchen für eine Publikation nicht entspricht. Überaus kritisch äußerte sich auch Joachim Heinrich Campe (1746–1818) über die zunehmende Verbreitung von lyrischen Werken und so gestand er im Jahr 1788, dass die Erfinder von Bierbrauereien und Spinnereien den Familien bei weitem mehr Nutzen eingebracht hätten, als die Verfasser von Gedichten (vgl. Promies 1980, 571). Campe äußert sich nicht nur kritisch gegenüber dem Sinn und Zweck der lyrischen Erzeugnisse, sondern belegt seine Erkenntnisse zugleich mit Zahlen. Er geht davon aus, dass in einer Stadt mittlerer Größe im deutschsprachigen Raum durchschnittlich gegen 300 Dichter leben würden (vgl. Promies 1980, 571). Obgleich Campe seinen Berechnungen keine nachvollziehbaren und überprüfbaren statistischen Daten beigefügt hat, so wird aus seinen Überlegungen dennoch ersichtlich, dass die massenhafte Produktion von lyrischen Werken von den damaligen Zeitgenossen kritisch betrachtet wurde.

Es war vor allem Campe, der öffentlich hervorhob, dass das dichterische Talent in der Masse an Dichterlingen untergehen würde (vgl. Promies 1980, 571). So ging er sogar davon aus, dass sich die übermäßige Produktion von lyrischen Werken nachteilig auf die Qualität jedes einzelnen Gedichts auswirken würde (vgl. Promies 1980, 571). Besonders empört war er allerdings auch über die Tatsache, dass Kinder bereits dazu angehalten werden, Idyllen zu verfassen, und Verse zu dichten, sie somit die schulische Ausbildung vernachlässigen (vgl. Promies 1980, 571). Wie die Ausführungen verdeutlichen, ließ es sich Campe, der sich ja im Laufe des 18. Jahrhunderts vor allem für die Bildung der Bevölkerung einsetzte, auch im letzten Drittel des 18. Jahrhunderts nicht nehmen, öffentlich jegliche kritische

Einwände, die gegen eine umfassende Bildung sprechen, anzugreifen. Doch sind seine Äußerungen zugleich ein Ausdruck davon, dass die immense Lyrikproduktion in der damaligen Zeit durchaus kritische Reaktionen hervorbrachte.

Es waren unterschiedliche Gründe, die die Autoren dazu bewegten, in den Jahren um 1800 verstärkt lyrische Werke zu verfassen, und zu publizieren. Der Hauptgrund war jedoch, das mit der Veröffentlichung von Gedichten ein schneller Zuverdienst ermöglicht wurde. So veröffentlichten die Autoren in der damaligen Zeit ihre Gedichte in bekannten Zeitungen, was zur Folge hatte, dass sich die Verfasser den Interessen der Leser anpassten. Unter der Vielzahl an Verfassern von Gedichten blieben die meisten unbekannt. Nur ein Bruchteil von Autoren, zu denen Goethe und Schiller sowie Ludwig Tieck (1773–1853), Friedrich Schlegel und Herder gehören, die ja auch dem damaligen Trend folgten und Gedichte für Zeitungen verfassten, ist uns heute noch bekannt. Dennoch erfreuten sich die in den Zeitungen oder Musenalmanachen abgedruckten Gedichte einer großen Beliebtheit, da sie den Leser unterhielten und emotionale Stimmungen zum Ausdruck brachten, die für den Rezipienten mühelos nachvollziehbar waren. So wurde in den Gedichten der Publikationsorgane über Liebe und Tod sowie Sehnsucht und Vergehen aber auch Klagen und Wehmut berichtet. Mit anderen Worten: Es wurden sämtliche Bereiche des menschlichen Gefühlslebens in den Gedichten zum Ausdruck gebracht, was natürlich den Radius an interessierten Lesern und Käufern der Zeitungen erhöhte. Bei den Gedichten handelte es sich häufig um schnell verfasste Zeilen, die sämtliche Züge der in der damaligen Zeit beliebten Vers- und Liedformen in sich tragen und so finden sich mitunter Lieder, Hymnen sowie Oden und Elegien unter ihnen (vgl. Ueding 2008, 621).

Eine weitere beliebte Form der Poesie, die den Verfassern eine zusätzliche finanzielle Einnahmequelle verschaffte, war die Gelegenheitsdichtung. In der Literaturwissenschaft verwendet man für die Gelegenheitsdichtung auch den Fachbegriff ‚Causalpoesie‘, worunter eine spezifische Form der lyrischen Dichtung verstanden wird, deren Besonderheit es ist, dass sie zu speziellen Anlässen verfasst wurde, sei es zu Ehrentagen, Geburtstagen, Hochzeiten. Gelegenheitsgedichte wurden häufig auf Bestellung verfasst und so überbrückte auch Georg Christoph Lichtenberg (1742–1799) sein Studium teilweise durch das Verfassen von Gelegenheitsgedichten für Hochzeiten von Professoren (vgl. Promies 1980, 579). Auch Goethe verfasste während seiner Zeit am Weimarer Hof zahllose Gelegenheitsgedichte, die für die Literaturwissenschaft eine besondere Bedeutung haben, denn er setzte sich auch auf theoretischer Ebene mit dieser Gedichtform auseinander und lieferte somit neue Erkenntnisse über diese besondere Form der Dichtung. Nach Ansicht von Wulf Segebrecht war das Gelegenheitsgedicht für die Weiterentwicklung der deutschsprachigen Lyrik von zentraler Bedeutung und folglich ein willkommenes Modell einer Poetik [...], deren Ziel es war, die endgültige Zweiteilung der Lyrik in einen angeblich kunstlosen, aber lebensvoll-wirksamen Zweckbereich und in einen zwar als kunstvoll bezeichneten, aber lebensfern-wirkungslosen Autonomiebereich zu verhindern, um so die Einheit der Lyrik als Kunst zu erhalten, ihr konkrete gesellschaftliche Funktionen zu sichern und damit die Poesie vor einer ihr drohenden Selbstisolierung zu bewahren (in Promies 1980, 604).

Wie man den Worten von Wulf Segebrecht entnehmen kann, kommt den Gelegenheitsgedichten innerhalb der Literaturgeschichte eine besondere Funktion zu, denn sie bekräftigten die Bedeutung der Lyrik in einer Zeit, in der lyrische Werke in der Öffentlichkeit einer immensen Kritik ausgesetzt waren. Segebrecht weist daher auch darauf hin, dass den lyrischen Werken in der damaligen Zeit ein viel größerer Stellenwert zukam. Auch hebt er hervor, dass es gerade die Gelegenheitsgedichte waren, die eine gesellschaftliche Funktion eingenommen haben, wenngleich neuere Forschungsergebnisse auch die repräsentative Funktion der Causalpoesie verdeutlicht haben (vgl. Stockhorst 2002).

Es ließe sich hinzufügen, dass die Lyrik in der Goethezeit vielfältige Funktionen einnimmt. Neben der bereits erläuterten gesellschaftlichen und unterhaltenden Funktion, der ja der Gelegenheitsdichtung insbesondere zukommt, diente die Lyrik in den Jahren um 1800 auch dazu, um lehrhafte und geistliche Inhalte zu vermitteln. Zugleich werden Gedichte in der Goethezeit auch dazu verwendet, um politische Geständnisse zu verbreiten. So kommt der um 1800 entstandenen Lyrik vor allem in Zeiten der Französischen Revolution eine patriotische Funktion zu. Es sind zahllose Revolutionsgedichte überliefert, deren Verfasser bis heute anonym sind.

Die Gedichte patriotischen Inhalts wurden meist in jakobinischen Zeitschriften abgedruckt oder gerieten auf Flugblätter an interessierte Zeitgenossen. Zudem wurden die Gedichte in Anthologien abgedruckt, von denen Friedrich Christian Laukhards (1757–1822) *Zuchtspiegel für Fürsten und Hofleute* (1799) stellvertretend erwähnt werden soll. Auch Goethe wurde im Jahr 1808 von der bayerischen Regierung gebeten, ein lyrisches Nationalbuch zusammenzustellen (vgl. Ueding 2008, 613). Sinn und Zweck eines solchen Buches sollte es sein, das nationale Bewusstsein durch die Lyrik zu stärken. Obgleich das Buch nicht veröffentlicht wurde, so verdeutlicht das lyrische Vorhaben doch, welche Bedeutung man der Dichtung zukommen ließ und welche öffentliche Rolle sie in der damaligen Zeit spielte. So wurden die Gedichte auch stets auf Deutsch verfasst, was die Vermittlung der Inhalte für breite Teile der Bevölkerung ja erleichterte und wodurch zugleich das Nationalbewusstsein der Leser bekräftigt werden sollte. Es zeigt sich, dass die deutsche Sprache von den Verfassern bewusst verwendet wurde, um die patriotischen Absichten verstärkt zum Ausdruck zu bringen, wie auch Friedrich Gottlieb Klopstock (1724–1803) in den nachfolgenden Zeilen hervorhebt:

Daß keine, welche lebt, mit Deutschlands Sprache sich
In den zu kühnen Wettstreit wage!
Sie ist, damit ich's kurz, mit ihrer Kraft es sage,
An mannigfalter Uranlage
Zu immer neuer, und doch deutscher Wendung reich;
Ist, was wir Selbst in jenen grauen Jahren,
Als Tacitus uns forschte, waren,
Gesondert, ungemischt, und nur sich selber gleich (in Promies 1980, 573).

Bei der Vermittlung von patriotischen Inhalten kommt dem Göttinger Hain eine besondere Bedeutung zu. Zur Dichtergruppe Göttinger Hain gehörten im engeren Sinne die Autoren Johann Heinrich Voß (1751–1826) und Ludwig Christoph Heinrich Hölty (1748–1776) sowie Johann Martin Miller (1750–1814) und Johann Friedrich Hahn (1753–1779), aber auch Friedrich Leopold Graf zu Stolberg (1750–1819) und Christian Graf zu Stolberg (1748–1821). Der Göttinger Hain war ein Freundschaftsbund und wurde am 12. November 1772 gegründet, wie Voß in einem Brief berichtet:

Ach, den 12. September, mein liebster Freund, da hätten Sie hiersein sollen. Die beiden Millers, Hahn, Hölty, Wehrs und ich gingen noch des Abends nach einem nahgelegenen Dorfe. Der Abend war außerordentlich heiter, und der Mond voll. Wir überließen uns ganz den Empfindungen der schönen Natur. Wir aßen in einer Bauernhütte eine Milch, und begaben uns darauf ins freie Feld. Hier fanden wir einen kleinen Eichengrund, und sogleich fiel uns allen ein, den Bund der Freundschaft unter diesen heiligen Bäumen zu schwören. Wir umkränzten die Hüte mit Eichenlaub, legten sie unter den Baum, faßten uns alle bei den Händen, tanzten so um den eingeschlossenen Stamm herum, – riefen den Mond und die Sterne zu Zeugen unseres Bundes an, und versprachen uns eine ewige Freundschaft. Dann verbündeten wir uns, die größte Aufrichtigkeit in unsern Urteilen gegeneinander zu beobachten, und zu diesem Endzwecke die schon gewöhnliche Versammlung noch genauer und feierlicher zu halten (in Luserke 1997, 252 f.).

Obgleich es das Motto des Bundes war, auf ewig zu bestehen, so gab es den Göttinger Hain nur bis zum Jahr 1775. Es ist überliefert, dass sich die Dichtergruppe in den Jahren ihres Bestehens wöchentlich traf, um über zeitaktuelle Geschehnisse zu debattieren, oder gemeinsam Gedichte zu schreiben (vgl. Luserke 1997, 253). Zu einem unumstrittenen Publikationsorgan des Göttinger Hain wurde der *Göttinger Musenalmanach*, in dem sie ihre Dichtungen veröffentlichten und für den Autoren wie Klopstock, Gottfried August Bürger (1747–1794), Matthias Claudius (1740–1815), Herder und Goethe vielfältige Beiträge verfassten. Doch das Besondere an dem Göttinger Hain war, dass diese Dichtergruppe offen und schonungslos ihre patriotische Einstellung in Form von Gedichten medienwirksam zum Ausdruck brachten. Um ihre politische Auffassung entsprechend zu vermitteln, bedienten sie sich vielfältiger lyrischer Formen, so dass von ihnen mitunter die Ode, Elegie, Idylle, aber auch die Hymne, Ballade und das Lied verwendet wurden (vgl. Luserke 1997, 255). Es war allerdings nicht nur die Formenvielfalt, die den Erfolg des Göttinger Hain ausmachte, sondern auch die abwechslungsreichen Inhalte in den Gedichten und so wurden von ihnen nicht nur patriotische, sondern auch religiöse und moralische Themen aufgegriffen. So wird in der germanistischen Literaturwissenschaft hervorgehoben, dass die Gedichte des Göttinger Hain auf inhaltlicher und stilistischer Ebene für die „weitere Geschichte der lyrischen Dichtarten vielfältig anregend und fruchtbar geworden ist" (in Promies 1980, 592). Doch im Unterschied zu den Autoren der damaligen Zeit, verfügten die Mitglieder des Göttinger Hain nicht über eine gesicherte finanzielle Existenz, was zur Folge hatte, dass die Dichtungen nur von vorübergehender Dauer waren, sich das Dasein der Dichtergruppe lediglich auf die Zeit ihres Studiums beschränkte.

Ein Großteil der Lyriker in der Zeit um 1800 entstammte dem Bürgertum, doch gab es auch Adelige, die Gedichte verfassten und veröffentlichten. Darüber hinaus widmeten sich auch Personen weiterer sozialer Gruppen der Lyrik und zu den heute noch bekannten Vertretern gehören Autoren wie Ulrich Bräker (1735–1798) und Johann Heinrich Jung-Stilling (1740–1817) sowie Jakob Michael Reinhold Lenz, Friedrich Maximilian Klinger und Johann Heinrich Voß, von denen allerdings nicht alle der Goethezeit zuordbar sind. Einer Einschätzung von Goethe zufolge, übten die Lyriker in der Zeit um 1800 verschiedene Berufe aus und so waren unter ihnen:

> Lebensgewandte Edelleute, wie Hagedorn, stattliche Bürger, wie Brockes, entschiedene Gelehrte, wie Haller, erschienen unter den Ersten der Nation, den Vornehmsten und Geschätztesten gleich. Besonders wurden auch solche Personen verehrt, die, neben jenem angenehmen Talente, sich noch als emsige, treue Geschäftsmänner auszeichneten (GW 14, 433).

Das Besondere an der Lyrikproduktion in der Epoche der Goethezeit war jedoch, dass nicht nur Personen unterschiedlicher sozialer Gruppierungen ihre poetischen Ideen zu Papier brachten, sondern sich auch Frauen dem Verfassen von Gedichten widmeten, was freilich auch damit zusammenhing, dass sich die Bildungsmöglichkeiten für Frauen im Laufe des 18. Jahrhunderts erheblich verbesserten. Vor allem im letzten Drittel des 18. Jahrhunderts nimmt die Anzahl der Lyrikerinnen erheblich zu und es bildete sich in der Gesellschaft eine eigenständige weibliche Kultur heraus. Fortan wurden Frauen zunehmend nicht nur als Autorinnen, sondern auch als Leserinnen von Poesie akzeptiert. Es waren Lyrikerinnen wie Annette von Droste-Hülshoff

(1797–1848) und Anna Louisa Karsch (1722–1791), die durch ihre Bekundungen die gesellschaftliche Stellung von weiblicher Poesie stärkten und für die Weiterentwicklung der weiblichen Lyrik von zentraler Bedeutung waren.

2. Theoretische Abhandlungen

Im Verlauf der Goethezeit erschienen eine Fülle an theoretischen Abhandlungen, in denen sowohl das Wesen der Dichtkunst als auch die gesellschaftliche Bedeutung der Poesie umfassend hinterfragt wurden. So setzte sich Schiller in seiner 1795 publizierten Abhandlung *Ueber naive und sentimentalische Dichtung* damit auseinander, inwiefern sich die Dichtkunst seit der griechischen Antike verändert hat. Schiller kommt zu der Erkenntnis, dass die fortschreitenden Entwicklungsprozesse dazu geführt haben, dass der Mensch die Natur in seiner ursprünglichen Form nicht mehr wahrnimmt, er stattdessen ein Abbild einer zivilisierten und kultivierten Welt in der Natur erkennt. Schiller hebt in seiner Abhandlung hervor, dass sich die Erlebnisse des Poeten in seinen Werken widerspiegeln. Dennoch unterscheidet er zwischen zwei Arten von Poeten: Zum einen handelt es sich dabei um den Idealisten, der seine Erkenntnisse aus sich selbst und aus der Vernunft bezieht. Zum anderen beschreibt er den Typus des Realisten, der in seiner Lyrik nicht über die eigenen vorgefundenen Erlebnisse hinausgeht und lediglich das beschreibt, was er selbst gesehen, mitunter auch erfahren hat. Kritisch betrachtet er vor allem den Realisten, denn dieser Typus geht nicht über die tatsächlichen Begebenheiten hinaus und lässt seiner dichterischen Freiheit auch keinen freien Lauf (vgl. Englhart 2010, 47 ff). In seinen Auffassungen folgt Schiller den weit verbreiteten Ansichten des französischen Autors Louis-Sébastien Mercier (1740–1814), der in seiner Schrift *An einen jungen Dichter*, die Autoren dazu auffordert, ihrer Kreativität freien Lauf zu lassen:

> Du, der du dir einen Funken von Genie fühlst, was brauchst du dich mit Poetiken zu umschanzen, und ihnen die Ehre anzuthun bald diese bald jene zu Rath zu ziehn? […] Folg deinem Feuer; du kommst weiter damit als mit Regeln. Was können dich Aristoteles, Vida, Horaz, Skaliger, Boileau lehren? Gemeinörter, abgedroschene Wahrheiten; das Geheimniß der Komposition gewiß nicht. Es steckt in dir, es ist dein, wenn du es zu entwickeln weist […] (in Luserke 1997, 96).

Obgleich sich die Auffassungen von Mercier auf den französischen Literaturbetrieb beziehen, so lassen sich aus seinen Überlegungen dennoch Erkenntnisse ableiten, die auch für den deutschsprachigen Raum nicht unerheblich sind. Erstens, lassen die Gedankengänge von Mercier erkennen, dass die Genialität des Poeten nicht als ein Phänomen der deutschsprachigen Dichtkunst anzusehen ist. Zweitens, befürwortet

Mercier eine Abkehr von der Regelpoetik, die ja letztlich auch im deutschsprachigen Raum propagiert wurde. Damit ist eine Verkettung zwischen der französischen und deutschen Poetik auch im Bereich der theoretischen Abhandlungen nicht mehr abzuweisen.

Eine weitere literaturtheoretische Schrift über die Poetik wurde 1778 von Gottfried August Bürger unter dem Titel *Von der Popularität der Poesie* veröffentlicht. Zunächst weist Bürger in seiner Abhandlung darauf hin, dass eine begriffliche Differenzierung zwischen Dichtkunst und Poesie vollzogen werden sollte. So kommt Bürger zu der Auffassung, dass das deutsche Wort Dichtkunst eher im Sinne einer Bildnerei zu verstehen ist, wobei Phantasie, und Empfindungen als die Quellen der Poesie zu betrachten sind. Für Bürger sind alle Sachverhalte, die vom Leser nicht nachvollziehbar sind, für die Dichtung nicht von Relevanz und so weist er auf folgenden Sachverhalt hin:

> Nicht alles soll und kann nachgebildet werden. Denn so wie nicht jedes Urbild der Natur gefällt, so gefällt auch nicht jedes Nachbild der Poesie. Hier tritt der Geschmack der Menschen auf und behauptet sein Recht. Natur und Geschmack sind die Gesetzgeber in der Poesie. Die Natur ist Monarchin, sie gebietet und fragt niemanden. Was sie einmal gebietet, das gebietet sie in allen Zeiten, in allen Ländern (Bürger 1990, 292).

Für Bürger war es ein grundlegendes Merkmal, dass sich der Inhalt und die Rezeption der Dichtung in jeder Epoche verändert, sich somit auch die gesellschaftliche Bedeutung eines jeden Gedichtes erheblich wandelt. Vor diesem Hintergrund verwundert es nicht, dass Johann Jacob Engel (1741–1802) in seiner 1783 veröffentlichten Abhandlung *Anfangsgründe einer Theorie der Dichtungsarten* darauf hinweist, dass das Gedicht in enger Verbindung mit musikalischen Darbietungen steht, wie der folgende Auszug verdeutlicht:

> Lyrisch heißt oft so viel als musikalisch, und bezieht sich dann auf die äussre Form eines Werks, auf die zum Gesange schickliche Einrichtung desselben. Lyrisches Schauspiel ist ein zum Singen eingerichtetes theatralisches Stück und gehört zu der pragmatischen Gattung. Was wir hier unter lyrischem Gedicht verstehen, ist eine eigene Dichtungsart, die sich von den bisher betrachteten nicht bloß durch äussre Form, sondern durch Inhalt und Materie unterscheidet (Engel 1733, 277).

Engel leitete mit seinen Erkenntnissen einen Diskurs ein, der zur Folge hatte, dass sich Dichter und Gelehrte damit auseinandersetzten, inwiefern die Lyrik wandelbar und in andere Gattungen wie dem Theater zum Einsatz kommen kann. Damit zeichnete sich eine Verschiebung der Gattungspräferenzen ab, die in der Goethezeit nicht nur auf theoretischer Ebene entworfen wurde, sondern zugleich zu Mischformen in der Lyrik führte und zu dessen Inbegriff das Volkslied in den nachfolgenden Jahren wurde.

3. Formen und Tendenzen

Im Jahr 1762 veröffentlichte James Macpherson (1736–1796) das Werk *Fingal. An Ancient Epic Poem in Six Books* und prägte damit die weitere Entwicklung der deutschsprachigen Literatur. Der schottische Theologe James Macpherson lieferte mit seinem Werk eine Abhandlung über die Dichtungen von Ossian, der ja in der schottisch-gälischen Mythologie für seine Volksdichtungen aus dem schottischen Hochland bekannt ist. Bei den Texten von James Macpherson handelte es sich, wie sich allerdings erst im 19. Jahrhundert herausstellte, nicht um die altgäischen Volksdichtungen von Ossian, sondern zum Großteil schlichtweg um Fälschungen und Nachdichtungen, die der Herausgeber selbst erstellt hatte (vgl. Karthaus 2007, 141). Obgleich bereits im letzten Drittel des 18. Jahrhunderts die Echtheit des Werkes angezweifelt wurde, so mangelte es dennoch an einschlägigen Beweisen, die die Fälschung bekräftigen könnten, so dass zunächst einer weiten Verbreitung des Werkes nichts im Wege stand. Im deutschsprachigen Raum veröffentlichte Johann Nepomuk Cosmas Michael Denis (1729–1800) im Jahr 1768 eine vollständige Übersetzung der Texte, die prompt auf große Begeisterung stieß (vgl. Karthaus 2007, 141).

So gab es in den Jahren um 1800 kaum einen deutschsprachigen Autor, der sich nicht mit Ossian auseinandersetzte und sich von dem Stoff inspirieren ließ. Auch die Korrespondenzen der Gelehrten der damaligen Zeit zeugen von einem regen Interesse an den Volksdichtungen von Ossian. Besonders nachhaltig wirkte sich die Publikation der von James Macpherson vorgenommenen Ossian Dichtungen auf Herder aus. So verfasste er eine Rezension über das Werk von James Macpherson, die im Jahr 1769 in der *Allgemeinen Deutschen Bibliothek* abgedruckt wurde. Im Jahr 1773 publizierte er den Aufsatz *Auszug aus einem Briefwechsel über Ossian und die Lieder der alten Völker*, der die Diskussion über die Volksdichtungen von Ossian im deutschsprachigen Raum erst richtig in Gang brachte.

Herder erkannte in Ossian einen „Dichter, so voll Hoheit, Unschuld, Einfalt, Tätigkeit, und Seligkeit des menschlichen Lebens" (HW 2, 447). Das besondere Interesse von Herder an Ossian basierte auf der Tatsache, dass er in seinen Dichtungen ein völlig andere, der Kunstpoesie entgegenstehende Volkspoesie erkannte (vgl. Luserke 1997, 83). Herder nahm die Auseinandersetzung mit den Dichtungen von Ossian als Gelegenheit, um den Stand der deutschsprachigen Dichtkunst zu kritisieren und so ließ er es sich nicht nehmen, darauf hinzuweisen, dass im Gegensatz zum 18. Jahrhundert, die Autoren der Vergangenheit, zu denen er Homer und Ossian zählt, die Gabe hätten, unverstellt zu dichten und die Naturregeln für sie das Maß aller Dinge waren. In vielfacher Hinsicht wurden die Dichtungen von Ossian für Herder zu einem Inbegriff der schöpferischen Ausdruckskraft und so legte er den Autoren der damaligen Zeit nahe:

[…] nach Regeln zu arbeiten, deren wenigste, ein Genie, als Naturregeln anerkennet; über Gegenstände zu dichten, über die sich nichts denken, noch weniger *sinnen*, noch weniger imaginieren läßt; Leidenschaften zu erkünsteln, die wir nicht haben, Seelenkräfte nachzuahmen, die wir nicht besitzen – und endlich wurde Alles Falschheit, Schwäche, und Künstelei […] (HW 2, 473 f.).

Vor diesem Hintergrund wünschte sich Herder, „daß Ossian der Lieblingsdichter junger Epischer Genies werde" (in Luserke 1997, 82) und man seinem Beispiel folgen möge. Doch das Besondere an der Auseinandersetzung mit dem Werk von Ossian war, dass Herder der lyrischen Dichtung eine neue und bis dahin unbekannte Qualität zukommen ließ. So machte Herder mit seinem Aufsatz auf die Ursprünge der lyrischen Dichtung aufmerksam und erinnerte an alte Mythen und Sagen, aber auch an Volkslieder, die bis dahin in Vergessenheit geraten waren.

Durch Herders öffentliche Bekundungen über die Lyrik setzte ein steigendes Interesse an den Ursprüngen der Dichtung und an den Volksliedern ein. Doch Herder ging noch einen Schritt weiter und analysierte die Volkslieder aus einer anthropologischen Perspektive. Mit sicherem Gespür für die Entwicklungsprozesse der Menschen in unterschiedlichen Ländern erkannte er in den Volksliedern aus verschiedenen Regionen Gemeinsamkeiten in der volkstümlichen Bedeutung. Aufgrund des in der Öffentlichkeit bestehenden Interesses an den Volksliedern aus verschiedenen Ländern veröffentlichte er 1778/79 unter dem Titel *Alte Volkslieder* eine Sammlung, in der er im Vorwort darauf hinweist, dass die volkstümlichen Dichtungen bewahrt werden müssen, denn „Wir sind eben am äußersten Rande des Abhanges: ein halbes Jahrhundert noch und es ist zu spät!" (HW 3, 21).

Herders Betrachtungen über das Volkslied lassen sich in ein komplexes Gefüge an Modernisierungsprozessen einordnen, die bei den damaligen Zeitgenossen Unbehagen auslösten und in deren Folge es galt, die Tradition der Vergangenheit zu bewahren. Vor diesem Hintergrund lässt sich erklären, weswegen Herder und mit ihm weitere Autoren in den Jahren um 1800 damit begannen, Volkslieder zu sammeln. Das Verständnis und Interesse von Herder an den Volksliedern wirkte sich auch nachhaltig auf Goethe aus. Beide Autoren treffen im Oktober 1770 aufeinander und für Goethe wird die Begegnung „das bedeutendste Ereignis, was die wichtigsten Folgen für mich haben sollte" (GW 14, 438).

Herder weckt in Goethe ein neues Verständnis für lyrische Dichtung, indem er ihm vermittelt, „daß die Dichtkunst überhaupt eine Welt- und Völkergabe sei, nicht ein Privaterbteil einiger feinen, gebildeten Männer" (GW 14, 445). Die in den nachfolgenden Jahren von Goethe verfasste Lyrik ist daher von den Anregungen Herders maßgeblich beeinflusst worden, so dass auch Goethe sich verstärkt der Volkspoesie widmet. Unmittelbar nach der Begegnung mit Herder hält sich Goethe im Elsaß auf und sammelt dort eifrig Volkslieder. Als Goethe im Herbst

1771 wieder in Frankfurt zurück ist, berichtet er ihm prompt von seinen gesammelten Volksliedern und berichtet ihm in einem Brief: „ich habe noch aus dem Elsas zwölf Lieder mitgebracht, die ich auf meinen Streiffereyen aus denen Kehlen der ältsten Müttergens aufgehascht habe" (GW 28, 239).

In den nachfolgenden Jahren setzt sich Goethe vor allem auf theoretischer Ebene mit dem Volkslied auseinander. So betont er in einer im Jahr 1806 vorgenommenen Rezension zu Clemens Brentanos (1778–1842) *Des Knaben Wunderhorn* (1805–1808), die poetischen Merkmale des Volksliedes und rechtfertige damit auch die lyrische Zuordnung dieser Gattung, wie das nachfolgende Zitat erkennen lässt:

> Diese Art Gedichte, die wir seit Jahren Volkslieder zu nennen pflegen, ob sie gleich eigentlich weder vom Volk, noch fürs Volk gedichtet sind, sondern weil sie so etwas Stämmiges, Tüchtiges in sich haben und begreifen, daß der kern- und stammhafte Teil der Nationen dergleichen Dinge faßt, behält, sich zueignet und mit unter fortpflanzt – dergleichen Gedichte sind so wahre Poesie, als sie irgend nur sein kann; sie haben einen unglaublichen Reiz, selbst für uns, die wir auf einer höheren Stufe der Bildung stehen, wie der Anblick und die Erinnerung der Jugend fürs Alter hat. Hier ist die Kunst mit der Natur im Konflikt, und eben dieses Werden, dieses wechselseitige Wirken, dieses Streben scheint ein Ziel zu suchen, und es hat sein Ziel schon erreicht (GW 19, 265).

Es lässt sich erkennen, dass Herder den Begriff des Volksliedes im deutschsprachigen Raum durch seine Erkenntnisse maßgeblich geprägt hat, doch wurde die Gattung im Verlauf der nachfolgenden Jahre weiterentwickelt und somit auch die lyrische Dichtung fruchtbar verändert. So hatte auch für Goethe die Auseinandersetzung mit der Volkspoesie weitreichende Folgen, denn er wandte sich damit nicht nur von der Regelpoetik ab, sondern widmete sich zudem auch der ‚Erlebnislyrik‘ (vgl. Karthaus 2007, 158). Generell versteht man in der Literaturwissenschaft unter dem Terminus Erlebnislyrik die persönliche Schilderung des Autors von einem erlebten Sachverhalt. In vielfacher Hinsicht verbindet man die Erlebnislyrik mit Goethe, der dieser Art von Dichtung durch seinen persönlichen und individuellen Ton eine besondere Bedeutung zukommen ließ. Obgleich der Fachbegriff Erlebnislyrik um 1800 noch nicht weit verbreitet war, so beschreibt Goethe seine Hinwendung zu dieser Form von Dichtung in *Aus meinem Leben. Dichtung und Wahrheit* (1808–1831) folgendermaßen:

> Und so begann diejenige Richtung, von der ich mein ganzes Leben über nicht abweichen konnte, nämlich dasjenige was mich erfreute oder quälte, oder sonst beschäftigte, in ein Bild, ein Gedicht zu verwandeln und darüber mit mir selbst abzuschließen, um sowohl meine Begriffe von den äußeren Dingen zu berichtigen, als mich im Innern deshalb zu beruhigen. Die Gabe hierzu war wohl Niemand nötiger als mir, den seine Natur immerfort aus einem Extreme in das andere warf. Alles was daher von mir bekannt geworden, sind nur Bruchstücke einer großen Konfession, welche vollständig zu machen dieses Büchlein ein gewagter Versuch ist (GW 14, 309 f.).

Auf stilistischer Ebene ist Goethes Erlebnislyrik gezeichnet von Ausrufen und fehlenden Kommata, so dass der Eindruck von Spontaneität entsteht. Der Inhalt ist hingegen geprägt von einer persönlichen Erfahrung, die als neu und einzigartig vom Autor beschrieben wird. Im Gegensatz zur Erlebnislyrik trat in der Goethezeit die Kunstballade hervor, die keine persönliche Begebenheit zum Ausdruck bringt, sondern darauf abzielt, die Gemüter der Leser zu erregen. Erwähnenswert ist in diesem Zusammenhang die von Gottfried August Bürger im Jahr 1773 verfasste Ballade *Leonore*. Im Zentrum der Ballade steht Leonores verstorbener Verlobter Wilhelm, der aus dem Grab kommt und seiner Geliebten auf dem Ritt mit sich nehmen lässt. Die Ballade zielte darauf ab, Schauer zu erregen und so verkündete Bürger in einem Brief an Boie im Mai 1773: „Wenn's bei der Ballade nicht jedem eiskalt über die Haut laufen muß, so will ich mein Leben lang Hans Casper heißen" (in Karthaus 2007, 174). Freilich war ein derartig brisanter Stoff in der damaligen Zeit auch der Kritik ausgesetzt und so ließ man in Wien *Leonore* durch die Zensur verbieten, da man in dem Werk eine Gotteslästerung sah. Doch von vielen Zeitgenossen der Goethezeit wurde *Leonore* begeistert aufgenommen und als „die Stammutter deutscher Balladendichtung" (in Karthaus 2007, 173) bezeichnet.

In den nachfolgenden Jahren wurde die Ballade in sämtliche europäische Sprachen übersetzt und auch Sir Walter Scott (1771–1832) ließ es sich nicht nehmen, eine englische Übersetzung von *Leonore* anzufertigen. Der publizistische Diskurs über Bürgers Ballade ging auch an Goethe nicht spurlos vorüber und führte dazu, dass er sich auf theoretischer Ebene mit der Dichtung auseinandersetzte. So schrieb Goethe im Jahr 1821 über die Ballade, sie sei „lyrisch, episch, dramatisch" (GW 21, 39) und daher „ließe sich an einer Auswahl solcher Gedichte die ganze Poetik gar wohl vortragen, weil hier die Elemente noch nicht getrennt, sondern, wie in einem lebendigen Ur-Ey, zusammen sind, das nur bebrütet werden darf, um, als herrlichstes Phänomen, auf Goldflügeln in die Lüfte zu steigen" (GW 21, 39). Goethe setzte sich jedoch nicht nur gedanklich mit der Ballade auseinander, sondern vollendete gegen Ende seines Lebens den *West-östlichen Divan* (1827) und verschaffte der Lyrik damit eine neue, von interkulturellen Einflüssen geprägte, Ausdrucksform.

Fragen und Anregungen

- Benennen Sie die wichtigsten Funktionen der Lyrik in der Zeit der Goethezeit.
- Verdeutlichen Sie die Bedeutung des Göttinger Hain für die Lyrik in der Zeit um 1800.
- Erörtern Sie die zentralen Aussagen über die Lyrik in den theoretischen Schriften der Goethezeit.

- Erläutern Sie wie lyrische Werke in der Goethezeit verbreitet wurden.
- Erklären Sie warum gerade das Volkslied in den Jahren um 1800 so beliebt war.

Lektüreempfehlungen

Burdorf, Dieter: Einführung in die Gedichtanalyse. 2. Aufl. Stuttgart [u.a.]: Metzler 2007 (Sammlung Metzler, 284).

Feldt, Michael: Lyrik als Erlebnislyrik. Zur Geschichte eines Literatur- und Mentalitätstypus zwischen 1600 und 1800. Heidelberg: Winter 1990 (Reihe Siegen; Beiträge zur Literatur-, Sprach- und Medienwissenschaft, 87).

Herder, Johann Gottfried von: Laßt in die Herzen sie dringen. Volkslieder. Hrsg. v. Christoph Michel. Frankfurt am Main [u.a.]: Insel-Verlag 2003 (Insel-Bücherei, 1249).

Müller, Oliver: Einführung in die Lyrik-Analyse. Darmstadt: Wissenschaftliche Buchgesellschaft 2011 (Einführungen Germanistik).

Wünsch, Marianne: Der Strukturwandel in der Lyrik Goethes. Stuttgart [u.a.]: Kohlhammer 1975 (Studien zur Poetik und Geschichte der Literatur, 37).

V. Aufbaumodul 3: Erzählende Prosa

1. Produktion und Verbreitung der erzählenden Prosa

Die Entwicklung der erzählenden Prosa ist in der Goethezeit geprägt von literarischen Innovationen, die bis weit in das 19. Jahrhundert hineinwirken. So entstehen in den Jahren um 1800 eine Reihe an neuen Prosagattungen, was zur Folge hat, dass vormals beliebte Literaturformen schwinden. Es sind vor allem die noch im 17. Jahrhundert weit verbreiteten Gattungen, zu denen das heroische und komische Epos sowie die Lob- und Gedächtnisrede, aber auch die moralische Exempelgeschichte und die literarische Predigt gehören, die von den Lesern in der Goethezeit nur noch wenig Aufmerksamkeit erfahren (vgl. Alt 2007, 247). Mit anderen Worten: Von den Veränderungen auf dem Buchmarkt betroffen waren vor allem Literaturgattungen, die geistliche Themen vermittelten und für die es in der Goethezeit nur noch wenig interessierte Leser gab, denn die Bedeutung der Literatur hatte sich auch innerhalb der Gesellschaft stark verändert. So wurde noch bis zur Mitte des 18. Jahrhunderts von den Autoren vorausgesetzt, dass sie literarische Werke verfassen, in denen lehrhafte Handlungen dargestellt werden, die für die Leser als nachahmenswert gelten sollten. Doch im Gegensatz zu den zuvor vertretenen Vorstellungen vom Wesen der Literatur, sollten die Werke der Goethezeit vordergründig nun keine moralischen Exempel mehr statuieren, sondern durchaus auch emotionale Reaktionen beim Leser hervorrufen und daher individuelle Charaktere darstellen, in die sich die Rezipienten mühelos hineinversetzen sollten (vgl. Grimminger 1980, 640). Trotz grundlegender inhaltlicher Veränderungen und der Verschiebung von Gattungspräferenzen, gewinnt im ausgehenden 18. Jahrhundert eine Literaturgattung an Bedeutung, die bereits im 17. Jahrhundert auf dem Buchmarkt vertreten war: der Roman.

Doch im Gegensatz zum ersten Drittel des 18. Jahrhunderts, in dem der Roman noch einem abwärtigem Urteil bei den damaligen Zeitgenossen ausgesetzt war und in zahlreichen theoretischen Abhandlung sogar als quantité négligeable bezeichnet wurde, nahm die Beliebtheit des Romans im Verlauf des 18. Jahrhunderts stetig zu (vgl. Alt 2007, 276). Die Entwicklungsdynamik des Romans lässt sich anhand statistischer Zahlen belegen und so ist überliefert, dass sich die Produktion von Romanen zwischen 1770 und 1790, also zum Zeitpunkt als Goethes *Die Leiden des jungen Werther* erschien, verdoppelte (vgl. Grimminger 1980, 701). Die Frage die sich hierbei stellt ist: Weswegen erfuhr gerade der Roman in der Goethezeit eine große Beliebtheit?

Die Gründe für die Popularität des Romans sind indes vielfältig und hängen vor allem mit dem Wesen der Gattung zusammen. Es war vor allem der Roman, der den Leser in eine fiktive Welt zog und eine Handlung offenbarte, die zwar imaginiert, doch zugleich so konstruiert war, dass sie auch der Realität des Lesers entsprach und so war das geschilderte Schicksal für den Leser nicht nur mühelos nachvollziehbar, sondern auch überaus unterhaltsam. Das Besondere an dem Roman war, dass er im Gegensatz zu Theateraufführungen jederzeit rezipierbar war. So wurde der Roman in häuslicher Zurückgezogenheit oder in öffentlichen Institutionen wie Cafés oder Leihbibliotheken gelesen. Das große Interesse am Roman führte dazu, dass sich ein stetig ausbreitender Literaturmarkt entfaltete, der auch von wirtschaftlichen Interessen geleitet war.

Doch die massenhafte Produktion von Romanen wurde von den damaligen Zeitgenossen allerdings mit einem kritischen Auge begutachtet, wie aus dem nachfolgenden Wortlaut von Christian Gotthilf Salzmann (1744–1811) zum Ausdruck kommt:

> Die gegenwärtige Vielschreiberey ist die wahre Ursache von der Deutlichkeit, die in den Schriften immer weiter um sich greift. Wenn itzo ein Buch auf die Messe kommt, das nur einigermassen dunkel ist, so wirft mans hin, und sieht sich nach einem verständlichern um. Das nöthigt denn die Gelehrten, ihren Ton immer mehr herabzustimmen, und so zu reden, daß sie auch von dem gemeinsten Manne können verstanden werden. Das ist eins. Ferner ist die Menge von Schriften, die die Buchhändler auf dem Lager haben, für sie ein Sporn, immer neue Mittel zu erfinden, um sich Absatz zu verschaffen. Da lassen sie Ankündigungen drucken, stellen Lotterien an, bieten Verlagsartikel für den halben Preis aus, ersuchen in jedem Flecken den Pfarrer, Buchbinder, Küster und Schulmeister, ihre Waare zu vertreiben. Auf diese Art werden den gemeinsten Leuten die Bücher aufgedrungen (Salzmann 1977, 83).

Wie aus dem Zitat hervorgeht, betrachtete Salzmann nicht nur die Vielschreiberei überaus kritisch, sondern auch den Vertrieb von Büchern, der mitunter modernen Formen der Vermarktung glich. Um allerdings das Interesse der Leser zu befriedigen und letztlich auch den Umsatz zu steigern, bildeten sich im Verlauf der Goethezeit verschiedene Typen von Romanen heraus und mitunter nimmt die Gattung auf inhaltlicher Ebene auch Züge der Trivialliteratur an (vgl. D'Aprile/Siebers 2008, 185). Das Interesse am Roman und die steigenden Umsatzzahlen wirkten sich allerdings auch positiv auf die Autoren aus und so gibt es in den Jahren um 1800 eine ganze Reihe von Autoren, die sich ihren Lebensunterhalt allein durch die Vielschreiberei finanzieren können. Es sind Autoren wie Johann Carl Wezel (1747–1819) und Christian Friedrich Timme (1752–1788) die, nunmehr von ihrem Einkommen als freie Autoren leben können (vgl. Grimminger 1980, 702).

Darüber hinaus fällt im Zusammenhang mit der Romanproduktion auf, dass sich insbesondere der Anteil der schreibenden Frauen erhöht. Es sind vor allem die Autorinnen, die sich im Verfassen von Brief- und Familienromanen erfolgreich erproben und so erzielten Eleonore Sophie Auguste Thon (1753–1807) mit ihrem Werk *Julie von Hirtenthal* (1780/83) oder Dorothea Margaretha Liebeskind (1765–1853) mit ihrer Abhandlung *Maria. Eine Geschichte in Briefen* (1784) hohe Auflagenzahlen auf dem Buchmarkt (vgl. Alt 2007, 289). Es lässt sich das Werk *Die Amtmannin von Hohenweiler. Eine wirkliche Geschichte von Familienpapieren gezogen* (1787) von Benedikte Naubert (1752–1819) sowie Sophie Tresenreuters (1755–1803) Roman *Lotte Wahlstein oder die glückliche Anwendung der Zufälle und Fähigkeiten* (1790/91) aufgrund der großen Beliebtheit hinzufügen (vgl. Alt 2007, 289). Hohe Absatzzahlen erzielten auch die Werke *Die Familie Hohenstam oder Geschichte edler Menschen* (1793) von Christiane Sophie Ludwig (1764–1815) sowie *Die Familie Seldorf* (1795) von Therese Huber (1764–1829) (vgl. Alt 2007, 289). Zu beobachten ist anhand der Verkaufszahlen von literarischen Werken in der Goethezeit zum einen, dass die Werke von Autorinnen hohe Absatzzahlen erzielten und damit ihren männlichen Kollegen in nichts nachstanden. Zum anderen zeigt sich, dass sich insbesondere die erzählende Prosa einer großen Beliebtheit erfreute und sich Gattungen herausbildeten, die auch im literarischen Spektrum der Moderne noch vorhanden sind. Obwohl der Roman bei den Lesern auf ein großes Interesse stieß, so war die Literaturgattung dennoch innerhalb der Gesellschaft einer heftigen Kritik ausgesetzt. Es war vor allem Goethes *Die Leiden des jungen Werther* und die in dem Werk thematisierte öffentliche Auseinandersetzung mit dem Selbstmord, die die Kritik am Roman verstärkte.

Bereits in früheren Epochen übten die Gelehrten, vor allem die Theologen, heftige Kritik am Roman und so erörterte der calvinistische Pfarrer Gotthard Heidegger (1666–1711) in seiner Abhandlung *Mythoscopia Romantica oder Discours von den so benanten Romans* (1698) die schädliche Wirkung der Gattung. Doch die von Seiten der Kirchenväter geübte Kritik am Roman verschärfte sich erheblich mit der Publikation von Goethes *Die Leiden des jungen Werther* und so forderte der Hamburger Pastor Johann Melchior Goeze sogar ein Verbot des Werks. Aus Sicht von Goeze verherrlicht Goethe mit seinem Werk den Selbstmord, wie er in einer Rezension hervorhebt:

> Und was ist zuletzt das Ende von diesem Liede? dieses: lasset uns essen und trinken und fröhlich seyn, wir können sterben wenn wir wollen. Ohngefähr sind wir geboren, und ohngefähr fahren wir wieder dahin, als wären wir nie gewesen (in D'Aprile/ Siebers 2008, 181).

Es zeigt sich, dass Goeze insbesondere Kritik an der moralischen Aussagekraft von Goethes *Die Leiden des jungen Werther* übt und die in der Gesellschaft vertretenen theologischen Auffassungen in Gefahr sieht. Auch in den nachfolgenden Jahren nahm das kritische Urteil über den Roman nicht ab und so weist Johann Karl Wezel in der Vorrede zu seinem Roman *Herrmann und Ulrike* (1780) darauf hin, dass jene „Dichtungsart" „am meisten verachtet und am meisten gelesen wird" (Wezel 1997, 9). Der Roman nahm somit in der Goethezeit eine ambivalente Stellung ein: Er wurde von den Leser geliebt und erfuhr innerhalb der Gesellschaft dennoch eine enorme Verachtung.

2. Romantheorien und Romantypen

Im Jahr der Veröffentlichung von Goethes *Die Leiden des jungen Werther* erschien eine theoretische Abhandlung über den Roman, die von Friedrich von Blanckenburg (1744–1796) verfasst wurde und den Titel *Versuch über den Roman* (1774) trägt. In seiner theoretischen Abhandlung setzt sich Blanckenburg mit der Bedeutung des Romans auseinander und versucht durch überzeugende Argumente einen Beitrag dazu zu leisten, damit diese Literaturgattung eine entsprechende Anerkennung erhält.

Der *Versuch über den Roman* ist in zwei Hauptteile unterteilt und so lautet der Titel des ersten Teils „Von dem Anziehenden einiger Gegenstände". Der zweite Teil ist mit der Überschrift „Von der Anordnung und Ausbildung der Theile und dem Ganzen eines Romans" überschrieben. Im ersten Teil, so Blanckenburg, habe er den Romandichtern „verschiedene[] Materialien" (Blanckenburg 1965, 247) vorgeschlagen, im zweiten sei „die Rede von der Kunst des Dichters" (Blanckenburg 1965, XX), „diesen Materialien allen Gestalt und Anordnung zu geben" (Blanckenburg 1965, 248). Blackenburg geht es vor allem darum, eine einschlägige Definition über den Roman zu liefern, und „das Wesentliche und Eigenthümliche eines Romans" (Blanckenburg 1965, 392) zu erörtern. Für Blanckenburg stellt der Roman die „innere Geschichte" (Blanckenburg 1965, 392) eines Menschen dar und bezieht sich in diesem Zusammenhang auf den Modus sowie den Inhalt dieser Gattung (vgl. Wölfel 1974, 45).

Blanckenburg ist es mit seiner Abhandlung gelungen, eine vertiefte theoretische Auseinandersetzung über den Roman zu liefern, und damit einen öffentlichen Diskurs über die Bedeutung der Gattung in Gang zu setzen. Doch das Urteil über den Roman fiel weiterhin recht kritisch aus und so bemerkt ein Rezensent über Blanckenburgs *Versuch über den Roman:*

Wie groß der Werth *des Romans, wie er seyn sollte*, ist, und wie wenig von tausend Romanen, die sie lasen, neun hundert, neun und neunzig das waren, was sie seyn könnten, und – sollten (in Wölfel 1974, 31).

Der Roman war also weiterhin in der Gesellschaft verpönt und von den Gelehrten noch nicht vollends anerkannt worden. So nannte Schiller doch in seiner Abhandlung *Ueber naive und sentimentalische Dichtung* den Verfasser von Romanen als einen „Halbbruder" des Dichters (vgl. Müller 1974, 62), was erkennen lässt, dass die Literaturgattung bei Weitem noch keine Akzeptanz erfuhr.

Auch Johann Georg Sulzer (1720–1779) kommt in seiner *Allgemeinen Theorie der schönen Künste* im Jahr 1777 zu der Auffassung, dass der Roman keine Kunstgattung sei. Es zeigt sich, dass der Roman zwar beim Lesepublikum eine erfolgreiche Gattung war, doch die Autoren und Gelehrten um 1800 ihm skeptisch gegenüberstanden. Dennoch wandelte sich im Verlauf der Goethezeit die Einstellung gegenüber dem Roman. Während der junge Goethe in seiner Zeit als Student der Ansicht war, dass der Roman keine Kunstform sei, so wurde er wenige Jahre später durch seinen eigenen Briefroman *Die Leiden des jungen Werther* zum erfolgreichsten Romanschriftsteller der Goethezeit. Dennoch schwankte Goethe hin und wieder beim Gebrauch des Terminus Roman und so war er sich auch auf theoretischer Ebene unsicher, ob er den Begriff überhaupt richtig verwendet. Doch bewunderte er zugleich den Romancier Walter Scott, den er als Meister von historischen Romanen betrachtete (vgl. Müller 1974, 101). Goethes Unsicherheit über den Roman führte auch dazu, dass er sich an Schiller wandte und sich mit ihm über die Gattung austauschte.

In freundschaftlichem Austausch mit Schiller, der ihm ja durchaus kritische Bedenken offen gestand, aber auch oft seine Anerkennung zum Ausdruck brachte, bildete sich eigentlich Goethes Theorie des Romans heraus. Nach wie vor ist es Schiller, der grundsätzliche Zweifel daran hat, ob es sich bei *Wilhelm Meisters Wanderjahre* tatsächlich um einen Roman handelt, wie das nachfolgende Zitat erkennen lässt:

> Die Form des Meisters, wie überhaupt jede Romanform, ist schlechterdings nicht poetisch, sie liegt ganz nur im Gebiete des Verstandes, steht unter allen seinen Foderungen und participiert auch von allen seinen Grenzen. Weil es aber ein ächt poetischer Geist ist, der sich dieser Form bediente, und in dieser Form die poetischsten Zustände ausdrückte, so entsteht ein sonderbares Schwanken zwischen einer prosaischen und poetischen Stimmung, für das ich keinen rechten Namen weiß. Ich möchte sagen, es fehlt dem Meister (dem Roman nemlich) an einer gewißen poetischen Kühnheit, weil er, als Roman, es dem Verstande immer recht machen will – und es fehlt ihm wieder an einer eigentlichen Nüchternheit, (wofür er doch gewissermaßen die Foderung rege macht) weil er aus einem poetischen Geiste geflossen ist (SW 29, 149).

Es zeigt sich, dass Goethe und Schiller fast 20 Jahre nach dem Erscheinen von Blanckenburgs Abhandlung *Versuch über den Roman* doch recht unsicher sind, wenn es um die Bestimmung der Literaturgattung des Romans geht. Trotz theoretischer Unsicherheiten erfuhr der Roman im Verlauf der Goethezeit schrittweise eine Neubestimmung und einen wesentlichen Beitrag dazu leistete Friedrich Schlegel. So weist Schlegel zunächst einmal darauf hin, einen Bruch mit den bisherigen Romanen zu vollziehen und nicht die Tradition der Gattung fortzusetzen:

> Zwar ist [der Roman] […] durch den Fehler der Schriftsteller, von denen diese Gattung der schönen Prosa viele Jahrhunderte hindurch fast bis an unsre Zeiten gemishandelt worden, so übel berüchtigt, daß man daher das *Abentheuerliche* mit dem Namen des *Romanhaften* belegt hat. Aber sollte er die Fehler schlechter Scribenten büßen? Noch immer büßen, auch nachdem er aus ihren schreibsüchtigen Händen gerettet, von dem Geschmacke für eine würdige Frucht des Genies erkannt worden? (in Wölfel 1974, 34)

Schlegel, der um den Fortbestand der Gattung bemüht war und das Renommee des Romans verbessern wollte, ließ es sich nicht nehmen und verfasste seine eigene Theorie über den Roman. Es war die Absicht Schlegels mit einer theoretischen Abhandlung über den Roman die bestehende Kritik an dieser Gattung zu widerlegen, wie er in dem nachfolgenden Zitat verdeutlicht:

> […] dann würde ich Mut bekommen zu einer *Theorie des Romans*, die im ursprünglichen Sinne des Wortes eine Theorie wäre: eine geistige Anschauung des Gegenstandes mit ruhigem, heitern ganzen Gemüt, wie es sich ziemt, das bedeutende Spiel göttlicher Bilder in festlicher Freude zu schauen. Eine solche Theorie des Romans würde selbst ein Roman sein müssen, der jeden ewigen Ton der Fantasie fantastisch wiedergäbe, und das Chaos der Ritterwelt noch einmal verwirrte. Da würden die alten Wesen in neuen Gestalten leben; da würde der heilige Schatten des Dante sich aus seiner Unterwelt erheben, Laura himmlisch vor uns wandeln, und Shakespeare mit Cervantes trauliche Gespräche wechseln; – und da würde Sancho von neuem mit dem Don Quixote scherzen (FS 2, 337).

In den nachfolgenden Jahren reiften Schlegels theoretische Erkenntnisse über den Roman und er kam zu dem Entschluss, die Gattung in unterschiedliche Arten zu unterteilen. Folgt man der Ansicht von Schlegel, dann lässt sich der Roman in folgende Arten klassifizieren:

> Fantastischer Roman, Sentimentaler Roman, psychologischer Roman und philosophischer Roman die vier einzig möglichen Kunstromane. Jeder Roman der nicht dazu gehört ist ein NaturRoman (in Schanze 1974, 112).

Doch das Besondere an seiner Theorie ist, dass er die Erkenntnisse in sein literarisches Werk *Lucinde* (1799) integrierte. Mit anderen Worten: Bei *Lucinde* handelt es sich sowohl um einen Roman als auch um eine theoretische Abhandlung über den

Roman, so dass Theorie und Praxis miteinander verbunden sind. Das Romankonzept von Schlegel besagt nämlich, dass jeder Roman seine eigene Theorie zum Vorschein bringen sollte. Doch von den damaligen Zeitgenossen wurde der Versuch Schlegels heftig kritisiert und man warf dem Werk vor, eine schwer zu verstehende Lektüre zu sein, deren Handlung in der komplexen Theorie über den Roman untergeht. Dennoch ist es Schlegel gelungen, ein theoretisches Romankonzept zu unterbreiten und somit einen zentralen Schritt zur öffentlichen Akzeptanz des Romans beizutragen.

3. Formen und Tendenzen

In der Goethezeit setzten sich in vielfacher Hinsicht die inhaltlichen Handlungsstrukturen in der Literatur fort, die in der Aufklärungszeit ihren Ursprung genommen hatten. So dienen auch in der Goethezeit die literarischen Werke noch dazu, um belehrend auf die Leser einzuwirken. Es werden daher in zahllosen literarischen Werken Lebensläufe präsentiert, die für die Leser als nachahmenswert gelten und daher einen Vorbildcharakter einnehmen. Vor diesem Hintergrund gilt es, dass der Leser durch die dargestellte Handlung und den Protagonisten lernen soll, so dass den literarischen Werken auch in der Goethezeit vereinzelt noch eine lehrhafte Funktion zukommt.

Dennoch bilden sich im Verlauf der Goethezeit unterschiedliche Arten der erzählenden Prosa heraus, wobei der autobiographischen Literatur eine besondere Bedeutung zukommt. Die autobiographische Literatur der Goethezeit ist geprägt davon, dass Protagonisten im fiktiven Kontext über ihr Leben berichten und dabei nicht die erzieherische Funktion außer Acht lassen. So berichtet Johann Jakob Moser (1701–1785) in der Vorrede zu einer autobiographisch geprägten *Lebens-Geschichte* (1768–1777) folgendes:

> Der allerwichtigste Beweggrund [...] dieser meiner Lebensgeschichte ist diese, jungen
> Leuten, von den Schulen an, bis zu ihrem Eintritt in allerley Arten von öffentlichen
> Aemtern, gleichsam in einem Spiegel zum voraus allerley Fälle zu zeigen, die sich
> bey ihnen eben so leicht, als bey mir, zutragen können (in Ueding 2008, 365).

Es zeigt sich, dass die Romanciers der Goethezeit den Lesern Unterstützung für sämtliche Bereiche des menschlichen Lebens bieten wollten. So ist ein Großteil der autobiographisch geprägten Werke gezeichnet von rechtschaffenden, aufrichtigen Charakteren, die stets erfahren sind in sämtlichen Bereichen des menschlichen Lebens und denen es zugleich gelungen ist, „Verstand und Empfindungen in Einklang zu bringen, Gelehrsamkeit und Menschenliebe zu verbinden, und dessen Kultiviertheit sich darin zeigt" (Ueding 2008, 390), dass sie stets extreme Gefahrensituationen meiden. Es entfaltet sich somit eine enge Grenze zwischen Autobiographie und Roman, Authentizität und Fiktion.

Für den Leser der Goethezeit war die literarische Darstellung von Lebensläufen äußerst beliebt und so stieß der autobiographisch geprägte Roman auf großes Interesse beim Lesepublikum. Selbst Goethe ließ es sich nicht nehmen und verfasste gegen Ende seines Lebens das autobiographisch geprägte Werk *Aus meinem Leben. Dichtung und Wahrheit*. Goethe war in den letzten beiden Jahrzehnten seines Lebens damit beschäftigt, das Werk zusammenzustellen und so verzeichnete er bereits am 11. Oktober 1809 in sein Tagebuch, er würde das „Schema einer Biographie" (GW 33, 500) ausarbeiten.

Während die ersten beiden Teile des Werkes recht bald abgeschlossen wurden, folgte im Jahr 1814 der dritte Teil und nach langen Unterbrechungen wurde im Juli 1831 die Arbeit am letzten Teil beendet, der allerdings erst posthum veröffentlicht wurde. Es war die Absicht Goethes, eine Zusammenstellung von zeitaktuellen und persönlichen Ereignissen abzuliefern, wie er Eckermann mitteilte:

> Es sind lauter Resultate meines Lebens, […] und die erzählten einzelnen Facta dienen bloß, um eine allgemeine Beobachtung, eine höhere Wahrheit, zu bestätigen […]. Ich dächte […], es steckten darin einige Symbole des Menschenlebens. Ich nannte das Buch *Wahrheit und Dichtung*, weil es sich durch höhere Tendenzen aus der Region einer niedern Realität erhebt […]. Ein Factum unseres Lebens gilt nicht, insofern es wahr ist, sondern in so fern es etwas zu bedeuten hatte (GW 39, 479).

In der Literaturwissenschaft gilt *Aus meinem Leben. Dichtung und Wahrheit* als eine bedeutende sozial- und kulturgeschichtliche Quelle, weil es Goethe geschickt verstanden hat, die historischen Begebenheit mit den privaten Erlebnissen in einen spannenden Einklang zu bringen. Goethes Werk ist insofern ein wichtiges Dokument, da es die politischen Erfahrungen der Goethezeit aus einer persönlichen Perspektive zum Ausdruck bringt. Zugleich trägt das Werk bis heute dazu bei, ein besseres Verständnis für die Schaffensperioden des Weimarer Autors zu erhalten.

Ein Blick in die Literaturgeschichte verdeutlicht allerdings, dass Goethe in entscheidendem Maß den Kanon der erzählenden Prosa in der Zeit um 1800 bestimmte. So bildeten sich im Zuge der autobiographischen Dichtung verschiedene Arten des Romans heraus, die in besonderer Weise von Goethe geprägt wurden. Erwähnenswert sind in diesem Zusammenhang der Brief- und Bildungsroman. Goethes Briefroman *Die Leiden des jungen Werther* ist zunächst von autobiographischen Erfahrungen geprägt, die der Autor am Schicksal seines Freundes Karl Wilhelm Jerusalem (1747–1772) in Wetzlar erfuhr. Die Geschehnisse animierten Goethe und verschafften ihn den Stoff für den wohl berühmtesten Briefroman des ausgehenden 18. Jahrhunderts.

Den Briefroman und damit auch Goethes *Die Leiden des jungen Werther* zeichnet aus, dass der Leser in Form von Briefen Einblicke in die Geschehnisse erhält und dieser die Handlung somit scheinbar authentisch nachverfolgen kann. Das Besondere an Goethes Briefroman *Die Leiden des jungen Werther* ist jedoch, dass der Leser am Ende von der Herausgeberfiktion erfährt, dass Werther Selbstmord begannen hat und sich somit verschiedene Erzählperspektiven kreuzen. Zum einen nimmt der Leser aufgrund der Berichterstattung in den Briefen persönlich Anteil an den Geschehnissen. Zum anderen ist es die Herausgeberfiktion, die den Leser über sämtliche Episoden auf dem Laufenden hält. Mit anderen Worten: Es sind unterschiedliche Erzählstrukturen, die Goethes *Die Leiden des jungen Werther* so überaus spannend und zugleich unterhaltsam machen.

Eine weitere Form des Romans, die sich in der Goethezeit einer großen Beliebtheit erfreute und die Goethe selbst in entscheidendem Maß prägte, ist der Bildungsroman. Den Bildungsroman zeichnet im Großen und Ganzen aus, dass der Held verschiedene Entwicklungsstufen durchläuft und seine einzelnen Lebensphasen im Roman ausführlich erläutert werden. Damit trägt der Bildungsroman auf inhaltlicher Ebene verschiedene Verbindungen zur autobiographischen Dichtung in sich. Als Prototyp des Bildungsroman gilt in der Goethezeit *Wilhelm Meisters Lehrjahre* der von Goethe 1795/96 verfasste wurde. Eine enge Beziehung weist der Bildungsroman allerdings auch zum Erziehungsroman auf. In der Literaturwissenschaft gilt der Erziehungsroman als eine Nebenform des Bildungsromans. Dargestellt wird im Erziehungsroman die beispielhafte Erziehung eines Menschen, wie dies u.a. Johann Jacob Engel in *Herr Lorenz Stark* (1795/96) verdeutlicht.

In vielfacher Hinsicht trägt nicht nur der Erziehungsroman Züge der autobiographischen Dichtung in sich, sondern auch der psychologische Roman. Stellvertretend für diese Art des Romans soll für die Goethezeit das Werk *Anton Reiser* von Karl Philipp Moritz (1756–1793) erwähnt werden. In dem von 1785 bis 1790 in vier Teilen publizierten Roman werden der Werdegang von Anton Reiser sowie seine psychologischen Entwicklungsprozesse geschildert. Einer Einschätzung von Gervinus zufolge war die Beschreibung der menschlichen Seele in der damaligen Zeit äußerst beliebt und so galt es für Autoren

> Ferne Motive zu entdecken, geheime Neigungen und Leidenschaften aufzufüllen, die Labyrinthe des menschlichen Herzens und Kopfs auszuforschen, an den feinsten und subtilsten Fäden eine Handlung bis auf die letzte Quelle derselben, die aber immer eine menschliche sein muß, zurückzuleiten […] (in Grimminger 1980, 702).

Das Lesepublikum der Goethezeit faszinierte jedoch nicht nur die Entdeckung der menschlichen Seele, sondern auch ferne Kontinente, was zur Folge hatte, dass die Reiseliteratur sich eines wachsenden Umsatzes erfreute. Die Gründe für die

Beliebtheit der Reiseliteratur sind indes vielfältig und hängen vor allem damit zusammen, dass das Reisen in den Jahren um 1800 noch recht aufwendig und kostenintensiv war. So waren es vor allem Gelehrte und Wissenschaftler, die in der Goethezeit Reisen unternahmen, mitunter bestand auch ein kaufmännisches oder touristisches Interesse an einer Reise. Das geographische Interesse am Reisen ist darüber hinaus auch nicht außer Acht zu lassen, wie Georg Forster (1754–1794) im Jahr 1786 zu berichten weiß:

> Je dringender unsre wahren und erkünstelten Bedürfnisse das Verkehr mit entfernten Welttheilen fordern, je emsiger der kaufmännische Geist von der Unersättlichkeit des Zeitalters seinen Vortheil zieht, indem er ihr Nahrung verschafft; desto stärker wächst das politische Interesse der Staaten an der Erweiterung geographischer und anderer Erfahrungskenntnisse, und desto mehr sucht es alle jene Triebfedern im Gange zu halten (in Griep 1980, 741).

Die Erkundungen von fremden Ländern hatten zur Folge, dass eine Fülle an Berichten über die Entdeckungen geschrieben wurden; schließlich wollten die Menschen in der damaligen Zeit über fremde Kontinente informiert werden und griffen daher auf Bücher zurück, in denen abenteuerliche Reisen beschrieben wurden.

Die heute zur Verfügung stehenden Verzeichnisse von Bibliotheken lassen erkennen, dass insbesondere in den Jahren um 1800 die Reiseliteratur häufig entliehen wurde (vgl. Griep 1980, 739). Auch Wilhelm Heinsius (1768–1817) verzeichnet in seinem *Allgemeinen Bücherlexikon* für die Zeit von 1700 bis 1810 die Anzahl von 483 Publikationen, von denen 388 Werke von 1780 bis 1809 veröffentlicht wurden (vgl. Griep 1980, 739).

Fragen und Anregungen

- Erläutern Sie die Entwicklung des Romans im Verlauf des 18. Jahrhunderts.
- Skizzieren Sie welche Bedeutung die theoretischen Schriften über den Roman für die weitere Entwicklung der Gattung in der Goethezeit haben.
- Erörtern Sie anhand von Goethes *Die Leiden des jungen Werther* die Popularität des Romans.
- Verdeutlichen Sie inwiefern es sich bei Goethes *Wilhelm Meisters Lehrjahre* um einen Bildungsroman handelt.
- Gehen Sie auf die zentralen Themen der Frauenliteratur um 1800 ein.

Lektüreempfehlungen

Bauer, Matthias: Romantheorie und Erzählforschung. Eine Einführung. 2. Aufl. Stuttgart [u.a.]: Metzler 2005.

Blessin, Stefan: Goethes Romane. Aufbruch in die Moderne. Paderborn [u.a.]: Schöningh 1996.

Bode, Christoph: Der Roman. Eine Einführung. Tübingen [u.a.]: Francke Verlag 2005.

Martínez, Matías (Hrsg.): Handbuch Erzählliteratur. Theorie, Analyse, Geschichte. Stuttgart [u.a.]: Metzler 2011.

Schlaffer, Hannelore: Wilhelm Meister. Das Ende der Kunst und die Wiederkehr des Mythos. Stuttgart: Metzler 1980.

VI. Aufbaumodul 4: Die Wirkungsgeschichte der Goethezeit

1. Die Literatur der Goethezeit im internationalen Kontext

Mit der Publikation von *Die Leiden des jungen Werther* im Jahr 1774 setzte der größte Publikumserfolg von Goethe ein, was auch zur Folge hatte, dass man sich im europäischen Ausland stärker als je zuvor mit der deutschsprachigen Literatur auseinandersetzte. So wurde der Roman in sämtliche europäische Sprachen übersetzt und begeistert aufgenommen. Überdies war Goethes Werk *Die Leiden des jungen Werther* im Ausland so erfolgreich, dass viele Autoren sich von dem Werk inspirieren ließen und Romane nach dem gleichen Muster entstanden. Es bildeten sich intertextuelle Verknüpfungen heraus und so liest der Protagonist in Mary Shelleys (1797–1851) *Frankenstein* von 1818 in Goethes *Die Leiden des jungen Werther*.

Die umfassende Rezeption von Goethes Werk hatte zur Folge, dass nunmehr ein deutschsprachiger Roman im europäischen Ausland eine Anerkennung erfuhr, die ihm bislang verwehrt war. Trotz des internationalen Erfolges war Goethes Werther weiterhin im deutschsprachigen Raum einer herben Kritik ausgesetzt. Aufgrund des offenen Umgangs mit dem in dem Werk dargestellten Selbstmord ging der Hamburger Pastor Johann Melchior Goeze besonders kritisch in der Öffentlichkeit mit dem Roman um:

> Da das Sprüchwort eine völlig gegründete Wahrheit ist: *daß derjenige, der sein eigen Leben nicht achtet, allezeit der Herr über das Leben eines andern sey*; so haben Obrigkeiten und Regenten die allergrößeste Ursach, auf Schriften aufmerksam zu seyn, welche der unbesonnenen und brausenden Jugend den Grundsatz: *daß die Vorstellung, daß sie diesen Kerker verlassen können, wenn sie wollen, ein süsses Gefühl der Freyheit sey*, einzuflössen suchen (in D'Aprile/Siebers 2008, 182).

Goezes Kritik an Goethes *Die Leiden des jungen Werther* ging sogar so weit, dass er öffentlich ein Verbot des Romans forderte. Doch trotz herber Kritiken wurde der Briefroman im deutschsprachigen Raum zu einem Publikumserfolg und es setzte sich ein Prozess in Gang, der heutzutage in der Literaturgeschichte unter dem Schlagwort „Wertheriaden" bekannt ist. Doch die Beliebtheit des Romans hinterließ auch im europäischen Ausland Spuren und so hat man sich innerhalb der

Literaturwissenschaft mit der Frage auseinandergesetzt, welche Rezeption Goethes Werk in den Ländern, in denen er übersetzt wurde, erfahren hat.

Seit den Forschungsergebnissen von Karl S. Guthke herrscht Konsens darüber, dass die Ideen und Werke des Sturm und Drang in England von Matthew Gregory Lewis (1775–1818) rezipiert und vermittelt wurden (vgl. Luserke 1997, 40). Lewis, der als Autor und Kulturattaché im Dienste der englischen Botschaft tätig war, verweilte im Jahr 1791 in Weimar und machte dort die Bekanntschaft mit Schiller, Goethe und August von Kotzebue (1761–1819). In England machte er Lord Byron (1788–1824) auf Goethes *Faust* aufmerksam und ließ es sich auch nicht nehmen, Schillers *Kabale und Liebe* ins Englische zu übersetzen.

Von Seiten der Forschung wurde in jüngster Zeit darauf hingewiesen, dass auch die von Lewis verfassten Werke maßgeblich von der um 1800 entstandenen deutschsprachigen Literatur beeinflusst wurden. So enthält der von Lewis im Jahr 1796 zunächst anonym publizierte Roman *The Monk* einzelne Auszüge von Sagen, die Herder auch verwendete und zudem hat er in seinem Werk verschiedene Gedichte von Johann Karl August Musäus (1735–1787) integriert. Es zeigt sich, dass Lewis nicht nur in England zur Rezeption der deutschsprachigen Literatur der Goethezeit beigetragen hat, sondern noch einen Schritt weiterging und Gestaltungselemente der deutschsprachigen Literatur in seine eigenen Werke aufgenommen hat. Obgleich es Lewis war, der eine zentrale Rolle bei der Verbreitung der deutschsprachigen Literatur in den Jahren um 1800 spielte und er seinerzeit auch mit seinen eigenen Werken eine erhebliche Beachtung erfuhr, so ist er heutzutage nahezu in Vergessenheit geraten. Das gleiche Schicksal erfuhr auch Louis Ramond de Carbonnières (1755–1824), der in Frankreich durch seine Vermittlertätigkeit die deutschsprachigen Werke der Goethezeit bekannt gemacht hat. Das Besondere an Louis Ramond de Carbonnières ist, dass er eigenständig Theaterstücke im Stil des Sturm und Drang verfasste und auf den Bühnen in Frankreich präsentierte, was dazu führte, dass man ihn als „früheste[n] ‚Götz'-Nachahmer" (in Luserke 1997, 311) und als einen „erste[n] französische[n] Liebhaber der jüngsten deutschen Literatur" (in Luserke 1997, 311) des Sturm und Drang bezeichnet hat.

Das wohl bekannteste Werk von Louis Ramond de Carbonnières ist das Drama *Die letzten Tage des jungen Olban*, das 1777 auf Französisch und 1778 in deutscher Übersetzung und mit leichten Veränderungen gegenüber dem Original in der Zeitschrift *Olla Potrida* erschienen war. Beschrieben wird in dem Werk eine Liebesgeschichte, deren Begebenheiten sich auf drei Tage beschränken. In der französischen Erstausgabe ist das Werk als Lesedrama angelegt, wobei Akt- und Szeneneinteilung fehlen. Louis Ramond de Carbonnières, der in den Kreisen der Gelehrten als „Lenzens vertrauter Freund" bezeichnet wurde, ließ es sich nicht nehmen, sein Werk „A Monsieur Lenz" zu widmen, jedoch mangelt es in der deutschen Übersetzung an dieser Widmung (vgl. Luserke 1997, 311 f). Bereits das vom Autor verfasste Vorwort lässt inhaltliche Bezüge zum Sturm und Drang erkennen und so bekundet Louis Ramond de Carbonnières darin gegenüber dem Leser „Sieh hier die Verirrungen, die Leiden empfindsamer Herzen. Lies, unempfindliche Seele – und verdamme!" (in Luserke 1997, 312). Deutlich erkennbar sind in dem Vorwort die Schlagwörter des Sturm und Drang und so präsentiert sich Louis Ramond de Carbonnières zugleich von Beginn an in der Haltung des literarischen Rebells.

2. Zur Weiterentwicklung der Genieästhetik

In den Jahren um 1800 vollziehen sich in der deutschsprachigen Literaturgeschichte Entwicklungen, die sich bis heute auf den Literaturbetrieb auswirken. Folgt man der Ansicht von R. Koselleck, so ist es gerade das letzten Drittel des 18. Jahrhunderts, das geprägt ist von entscheidenden Prozessen der Veränderung (vgl. Karthaus 2007, 220). Mit der Abkehr von der zuvor vertretenen Auffassung der Regelpoetik treten nunmehr die individuellen, einmaligen Erkenntnisse des Autors in den Vordergrund. Damit wandelt sich nicht nur das Wesen der Literatur, sondern auch die Bedeutung von literarischen Erzeugnissen. Der schöpferische Wert des literarischen Werkes gewinnt an Bedeutung und lässt sich unter dem Begriff der Genieästhetik entsprechend ausdrücken. Es ist vor allem Herders Aufsatz über Shakespeare, der zum Ausdruck bringt, was Dichtung im ausgehenden 18. Jahrhundert bedeutet und so wies Herder in seiner Abhandlung offen auf die neuartigen Vorstellungen von Literatur hin, wodurch er mit dazu beitrug, das Wesen der Literatur zu verändern. Freilich war die innerhalb der Literatur vollzogene Hinwendung zur Genieästhetik ein langwieriger Prozess und so hebt bereits Lessing in seiner *Hamburgischen Dramaturgie* hervor, eine Abkehr von der Regelpoetik zu vollziehen:

> Den englischen Stücken fehlten zu augenscheinlich gewisse Regeln, mit welchen uns die Französischen so bekannt gemacht hatten. Was schloß man daraus? Dieses: daß sich auch ohne diese Regeln der Zweck der Tragödie erreichen lasse; ja, daß diese Regeln wohl gar Schuld sein könnten, wenn man ihn weniger erreiche. Und das hätte noch hingehen mögen! – aber mit *diesen* Regeln fing man an, *alle* Regeln zu vermengen, und es überhaupt für Pedanterei zu erklären, dem Genie vorzuschreiben, was es tun, und was es nicht tun müsse. Kurz, wir waren auf dem Punkte, uns alle Erfahrungen der vergangenen Zeit mutwillig zu verscherzen; und von den Dichtern lieber zu verlangen, daß jeder die Kunst aufs neue für sich erfinden solle (in Karthaus 2007, 223 f.).

Lessings innovative Überlegungen finden allerdings erst in den nachfolgenden Jahren ihre Umsetzung. Es war vor allem das letzte Drittel des 18. Jahrhunderts, in dem ein konsequenter Bruch mit der Literaturtradition früherer Epochen erfolgte. Folgt man der Ansicht von Ulrich Karthaus, dann ist insbesondere die Literaturgeschichte ab 1770 geprägt von einer Abkehr „der Vernunft, den überlieferten Regeln und der Orientierung an der Naturnachahmung" (Karthaus 2007, 225). Vor diesem Hintergrund kam der schöpferischen Eingebung des Autors eine größere Bedeutung zu und es erfolgt eine komplette Neubestimmung über das Wesen des literarischen Genies.

Einer der ersten, der sich im Verlauf des 18. Jahrhunderts mit dem Geniegedanken auseinandersetzte war Christian Fürchtegott Gellert (1715–1769), der den Begriff des Genies zunächst auf den Wissenschaftler bezog, mit seiner begrifflichen Auseinandersetzung allerdings auch eine Vorlage für die Literatur lieferte. Einer Einschätzung von Gellert zufolge lässt sich das Genie innerhalb der Gelehrsamkeit folgendermaßen beschreiben:

> Es ist wahr, der Name eines großen Gelehrten wird nicht durch Studieren, nicht durch Regeln, nicht durch Kunst und Nachtwachen allein erworben; es wird Genie, es wird eine gewisse natürliche Größe und Lebhaftigkeit der Seele erfordert, die den Menschen zu allen großen Unternehmern begeistern muß (Gellert 1994, 179).

Der in den nachfolgenden Jahren von den Autoren verwendete Geniebegriff, der ja in den Jahren um 1800 als schöpferische Eingebung des Dichters verstanden wurde, ist allerdings nicht im deutschsprachigen Raum entstanden, sondern hat seinen Ursprung im Latein und wurde zunächst in Frankreich und England verwendet. Durch Übersetzungen aus dem Französischen und Englischen gelangte das Wort dann allerdings auch in die deutsche Sprache und wurde prompt von den Autoren des ausgehenden 18. Jahrhunderts für ihre literarischen Ziele aufgegriffen. Es zeigt sich, dass in der Entwicklung des deutschen Begriffs Genie maßgeblich die englische und französische Sprache zur Bedeutung des Worts beigetragen haben. So gab es in der französischen Sprache bereits im 17. Jahrhundert eine Reihe an Wörtern, die der Bedeutung des Geniebegriffs entsprachen und dazu gehören die Wörter „esprit", „caractère", „nature", „talent" und „don", während man im Englischen das schöpferische Talent des Dichters mit den Worten „characteristic disposition", „inclination", „bent" oder „temper of the mind" beschrieb (vgl. Karthaus 2007, 221).

Im deutschsprachigen Sprachraum wurde der Begriff Genie im Verlauf der Goethezeit von den Autoren vielfach definiert und so kommt Goethe im vierten Teil von *Aus meinem Leben. Dichtung und Wahrheit*, der ja 1831 verfasst wurde, zu folgender Auffassung:

> [D]as Wort Genie ward eine allgemeine Losung, und weil man es so oft aussprechen hörte, so dachte man auch, das was es bedeuten sollte, sei gewöhnlich vorhanden.

Da nun aber jedermann Genie von anderen zu fordern berechtigt war, so glaubte er es auch endlich selbst besitzen zu müssen. Es war noch lange hin bis zu der Zeit wo ausgesprochen werden konnte, daß Genie diejenige Kraft des Menschen sei, welche durch Handeln und Tun, Gesetze und Regeln gibt, damals manifestierte sichs nur indem es die vorhandenen Gesetze überschritt, die eingeführten Regeln umwarf und sich für grenzenlos erklärte. Daher war es leicht genialisch zu sein, und nichts natürlicher, als daß der Mißbrauch in Wort und Tat alle geregelte Menschen aufrief, sich einem solchen Unwesen zu widersetzen. Wenn einer zu Fuße, ohne recht zu wissen warum und wohin, in die Welt lief, so hieß dies eine Geniereise, und wenn einer etwas Verkehrtes ohne Zweck und Nutzen unternahm, ein Geniestreich. Jüngere lebhafte, oft wahrhaft begabte Menschen verloren sich ins Grenzenlose; ältere Verständige, vielleicht aber Talent- und Geistlose, wußten dann micht höchster Schadenfreude ein gar mannigfaltiges Mißlingen vor den Augen des Publikums lächerlich darzustellen (GW 14, 822 f.).

Goethe hebt in *Aus meinem Leben. Dichtung und Wahrheit* hervor, dass das Genie die Fähigkeit habe, „Gesetze und Regeln" (GW 14, 823) aufzustellen und folgt damit der Vorstellung von Immanuel Kant (1724–1804), der in seiner 1790 verfassten Abhandlung *Kritik der Urteilskraft* betonte, dass das Genie ein Talent im Sinne einer Naturgabe besitzt „welches der Kunst die Regeln gibt" (Kant 1989, 241). Kant war von der Auffassung geleitet, dass es eine Verbindung zwischen dem schöpferischen Talent und der natürlichen Anlage eines jeden Menschen gibt, die er folgendermaßen begründet:

Da das Talent, als angebornes produktives Vermögen des Künstlers, selbst zur Natur gehört, so könnte man sich auch so ausdrücken: Genie ist die angeborne Gemütslage (ingenium), durch welche die Natur der Kunst die Regel gibt (Kant 1989, 241 f.).

Kant ging allerdings noch einen Schritt weiter und formulierte vier Bestandteile des Geniebegriffs, zu denen er die Originalität und Musterhaftigkeit zählte, aber auch die Unwissenheit über die Quelle der Eingebung und die Begrenzung auf die „schönen Künste". Mit seiner Abhandlung machte Kant öffentlichkeitswirksam darauf aufmerksam, dass die schöpferische Eingebung des Künstlers nicht durch Vernunft und Philosophie, sowie durch den Glauben oder der Theologie begründet wird, sondern schlichtweg durch die Subjektivität des Künstlers.

Kants Abhandlung hatte zur Folge, dass weitere Gelehrte eigenständige Bestimmungen des Geniebegriffs vernahmen und von manchen Zeitgenossen wurde die begriffliche Auseinandersetzung durchaus kritisch begutachtet. So behauptet der Arzt und Popularphilosoph Johann Georg Zimmermann (1728–1795) in seiner Abhandlung *Ueber die Einsamkeit* (1784/85), dass im deutschsprachigen Raum eine „Genieseuche" ausgebrochen sei:

Vielleicht hätte die leidige Genieseuche in Deutschland weniger gewütet, wenn sie nicht am meisten unter rohe junge Leute gekommen wäre, die in der Entfernung von allem Weltumgange lebten, in bacchantischer Einsamkeit jene wilden Anfälle von ihrer Selbstheit hatten, und jene jämmerliche [!] Träume von ihrer Kraft (Zimmermann 1784, 10).

Durch die öffentliche Auseinandersetzung mit dem Begriff Genie wurde allerdings auch die besondere Begabung des Autors erkannt und so erfuhr die Literaturproduktion eine Aufwertung. Auch in vielen literarischen Werken zeichnet sich in den Jahren um 1800 eine Entwicklung dahingehend ab, dass dem Autor aufgrund seines Talents eine besondere Bedeutung zukommt. Die bewusste Wahrnehmung der schöpferischen Gabe des Autors hatte zur Folge, dass eine bewusste Abkehr von der Auffassung früherer Epochen vollzogen wurde, die für Joachim Ritter einen Wendepunkt innerhalb der deutschsprachigen Literaturgeschichte markiert, den er folgendermaßen beschreibt:

Damit vollendet sich die Emanzipation der schönen Künste aus der 2000jährigen Tradition der Herrschaft der Vernunft, der Beschränkung auf die Nachahmung der Natur und der Anwendung technisch erlernbarer Regeln, sie werden zu dem Organ, durch das die im Gemüt und Herz sich der Aufklärung des Verstandes entgegensetzende Innerlichkeit ausgesagt und dargestellt wird. In dieser Entwicklung erhält ‚Genie‘ seine epochale Bedeutung: Es wird der Begriff, durch den die sich bildende ästhetische Subjektivität als Ursprung und Grund aller künstlerischen Hervorbringungen und der in ihr vermittelten ästhetischen Wahrheiten begriffen und aufgefaßt wird. ‚Genie‘ wird zum Grundbegriff der ästhetischen Kunst (in Karthaus 2007, 223).

Das bewusste Erkennen der schöpferischen Begabung von Autoren hatte zur Folge, dass man auch in den literarischen Werken der Goethezeit ein recht positives Urteil über die Dichterlinge abgibt. So werden in dem von Ludwig Tieck und Wilhelm Heinrich Wackenroder (1773–1798) herausgegebenen Werk *Herzensergießungen eines kunstliebenden Klosterbruders* (1796) die Künstler auf eine Stufe mit Heiligen gestellt. Doch macht die Literatur der Goethezeit zugleich auf gescheiterte Künstlerfiguren aufmerksam, die trotz ihrer Genialität in der Gesellschaft scheitern, wie es E.T.A. Hoffmann in dem Werk *Das Fräulein von Scuderi* (1819) verdeutlicht. Das Besondere an dem Werk ist, dass E.T.A. Hoffmann die Handlung in das 17. Jahrhundert transformiert und dem Leser eine kritische Sichtweise der schöpferischen Begabung anhand von zwei Künstlerfiguren verdeutlicht.

E.T.A. Hoffmann präsentiert dem Leser zum einen das Fräulein von Scuderi, die eine höfische Dichterin ist und für den Sonnenkönig Werke verfasst. Leitfigur für das Fräulein von Scuderi war die real existierende Autorin Madeleine de Scudéry (1607–1701), die im 17. Jahrhundert bedeutende Werke der französischen Literatur verfasst hat und bereits zu Lebzeiten im europäischen Ausland bekannt war. Ihren literarischen Höhepunkt erreichte Madeleine de Scudéry mit dem Roman *Artamène ou le grand Cyrus* (1649–53) und auch das kurze Zeit später veröffentlichte Werk *Clélie, histoire romaine* wurde zu einem erfolgreichen Werk. Es zeigt sich, dass Madeleine de Scudéry zu den repräsentativsten Frauengestalten der französischen Literaturgeschichte gehörte, was auch ein Grund dafür war, weswegen sich E.T.A. Hoffmann zu Beginn des 18. Jahrhunderts bewusst dazu entschied, der Autorin eine handlungstragende Rolle in seinem Werk zukommen zu lassen. Eine zentrale Bedeutung ließ E.T.A. Hoffmann auch dem Goldschmied René Cardillac zukommen, von dem berichtet wird, dass er zum einen „der geschickteste Goldarbeiter in Paris" (Hoffmann 1988, 244) sei und zum anderen als „einer der kunstreichsten und zugleich sonderbarsten Menschen seiner Zeit" (Hoffmann 1988, 244) beschrieben wird. Die ambivalenten Charakterzüge von Cardillac durchziehen sich wie ein Leitfaden durch das Werk und führen letztlich zum gesellschaftlichen Scheitern der Künstlerfigur. Cardillac kann es nämlich nicht ertragen, dass er seine liebevoll gefertigten Schmuckstücke nicht für sich behalten kann und stattdessen fremde Personen seine Kreationen tragen. In seinem Wahn wird er sogar kriminell und so tötet er schlichtweg die Käufer, um den Schmuck wieder zu erhalten. Den erbeuteten Schmuck bewahrt er in einer geheimen Vitrine auf, zu dem nur er Zugang hat.

E.T.A. Hoffmann weist in seinem Werk darauf hin, dass der Künstler nicht nur die schöpferische Gabe für die Anfertigung der Kunststücke besitzen muss, sondern auch die Fähigkeit haben sollte, seine Kunstwerke aus der Hand geben zu können, um so von den Erzeugnissen leben zu können. Doch anhand der Künstlerfigur Cardillac zeigt E.T.A. Hoffmann besonders eindringlich, dass die künstlerischen Erzeugnisse zugleich ein Teil der Identität ihres Erzeugers sind, wie Jochen Schmidt hervorhebt:

> Weil er sein Innerstes in das Werk hineinlegt, es nicht von äußeren Zwecken, Gelegenheiten und Wirkungen her konzipiert, gehört es auch in einem tieferen Sinn nur ihm allein. Das genial-autonome Schaffen ist weltlos und so darf und kann die Welt keinen Anteil daran haben. Sie würde das Kunstwerk, wie Cardillac zu verstehen gibt, entweihen (Schmidt 1985, 37).

E.T.A. Hoffmann, der sich zeitlebens mit der psychiatrischen Fachliteratur in der damaligen Zeit beschäftigt hat, ließ es sich nicht nehmen, dem Leser eine Erklärung für den Zusammenhang von Genie und Wahnsinn anhand der Künstlerfigur Cardillac zu liefern. So erfährt der Leser, dass das Verhalten von Cardillac auf ein pränatales Trauma zurückzuführen ist und er schon vor seiner Geburt davon betroffen war. Gezeichnet von der seelischen Erschütterung, konnte er bereits als kleines Kind dem Schmuck nicht widerstehen und so wird berichtet dem Jungen „gingen [...] glänzende Diamanten, goldenes Geschmeide über alles" (Hoffmann

1988, 274 f.). Obgleich er am Anfang des Werkes zwar als sonderbarer Zeitgenosse präsentiert wird, so erhält er dennoch aufgrund seiner Schmuckverarbeitung und Fähigkeiten einen ehrenwerten Status. Im Verlauf der Handlung nehmen allerdings die negativen Eigenschaften übergewicht und so bezeichnet ihn der Geselle Oliver letztlich als verruchtesten und „zugleich unglücklichste[n] aller Menschen" (Hoffmann 1988, 284). Anhand der Künstlerfigur Cardillac, die E.T.A. Hoffmann mit allen Schattenseiten präsentiert, ist es dem Autor gelungen, auf die Gefahren und Bedrohungen des Künstlertums aufmerksam zu machen. Es zeigt sich, dass ein genialer Künstler wie Cardillac zugleich dunkle Seiten in sich tragen kann und so besessen von seinen Erzeugnissen sein kann, dass er die sittlichen Gebote einfach außer Acht lässt. Durch diese methodisch spannende Gestaltung deckt E.T.A. Hoffmann zwei Existenzen der Künstlerfigur auf, die zum einen von Kreativität und zum anderen vom Zwang gezeichnet sind. Besonders offen und schonungslos macht E.T.A. Hoffmann auf die negativen Seiten des künstlerischen Daseins aufmerksam. Auch im weiteren Verlauf der Literaturgeschichte zeigt es sich, dass Autoren ihre Künstlerfiguren mit einem Hauch an Kritik versehen und damit eine Abkehr von der Genieästhetik nicht scheuen. Besonders eindringlich lässt sich der Bruch mit dem Geniekult und mit der schöpferischen Originalität in Gottfried Kellers (1819–1890) Werk *Der grüne Heinrich* (1854/55) erläutern.

Keller beschreibt in dem Werk das Schicksal von Heinrich Lee, der den Spitznamen „Grüner Heinrich" trägt und bereits in Jugendjahren den Entschluss fasst, Landschaftsmaler zu werden. Bereits die ersten Jahre seines Lebens sind gezeichnet von Schicksalsschlägen: Sein Vater verstirbt und Heinrich Lee wird von seiner Mutter in einfachen Verhältnissen aufgezogen. Mit 15 Jahren wird er aufgrund eines Schulstreiches von der Schule verwiesen und unmittelbar danach trifft er die Entscheidung, Landschaftsmaler zu werden. Doch während seine Mutter auf der Suche nach einem geeigneten Lehrer ist, der ihren Sohn ausbilden könnte, hört sie Folgendes:

> Wir haben wohl große Genies, welche sich durch besondere Widerwärtigkeiten endlich emporgeschwungen; allein um zu beurteilen, ob Ihr Sohn hierzu nur die geringsten Hoffnungen biete, dazu besitzen wir in unserer Stadt gar keine berechtigte Person! (in Karthaus 2007, 232).

Der Text verdeutlicht, dass es dem Jüngling an geeigneten Lehrern mangelt, die ihn zum Künstler ausbilden könnten. So ist Heinrich Lee zunächst erheblichen Schwierigkeiten ausgesetzt, eine Ausbildungsstätte zu finden, in der er eine Lehre als Landschaftsmaler absolvieren kann und so landet er letztlich bei einem Maler in Habersaat, der allerdings darauf spezialisiert ist, Bilder industriell herzustellen, so dass er seine künstlerische Begabung nicht vollends entwickeln kann. Nach mehreren Monaten der Ausbildung lernt Heinrich den erfolgreichen Künstler Römer kennen, der ihn nicht nur fachlich lehrt, sondern ihn auch damit vertraut macht, wie sich Bilder am besten verkaufen. Es zeigt sich, dass Heinrich von ihm Kenntnisse vermittelt bekommt, die seine eigenen Auffassungen verändern und so gesteht er:

> [I]n bezug auf manches, was ich bisher poetisch nannte, lernte ich nun, daß das Unbegreifliche und Unmögliche, das Abenteuerliche und Überschwengliche nicht poetisch sind und daß, wie dort die Ruhe und Stille in der Bewegung, hier nur Schlichtheit und Ehrlichkeit mitten in Glanz und Gestalten herrschen müssen, um etwas Poetisches oder, was gleichbedeutend ist, etwas Lebendiges und Vernünftiges hervorzubringen, mit einem Wort, daß die sogenannte Zwecklosigkeit der Kunst nicht mit Grundlosigkeit verwechselt werden darf (in Karthaus 2007, 233).

Doch der Kunstlehrer Römer hat bereits seit seiner Jugend ein gestörtes Verhältnis zu Geld und schafft es daher auch nicht, sich von seinen Erzeugnissen zu finanzieren, lebt stattdessen von geliehenem Geld. Im weiteren Verlauf des Werks erfährt der Leser, dass Römer an Wahnvorstellungen leidet und nach einem Aufenthalt in Paris „in einem französischen Irrenhaus verschollen sei" (in Karthaus 2007, 232). Heinrich Lee hingegen versucht sich in München als freischaffender Künstler und muss seine Zeichnungen sogar auf einem Trödelmarkt verkaufen, um überhaupt Einnahmen zu erhalten. Doch seine Einkünfte reichen bei Weitem nicht aus und so macht er Schulden. Auch seine Mutter verpfändet ihr Haus, um ihn finanziell zu unterstützen, was zur Folge hat, dass sie ihren Lebensabend verarmt verbringen muss.

Heinrich macht letztlich die Erfahrung, „daß seine geliebte und begeisterte Wahl, der vom vierzehten Jahre an bis heute gelebt, nicht viel mehr als ein Zufall, eine durch zufällige Umstände bedingte Ideenverbindung gewesen sei" (in Karthaus 2007, 233). Keller verdeutlicht in dem Werk zum einen, dass das Talent nicht alleine ausschlaggebend ist, um sich eine materielle Existenz zu sichern. Zum anderen weist er auf die Schattenseiten des Künstlerberufes hin und verdeutlicht eindringlich die Folgen einer gescheiterten Künstlerexistenz.

Auch die in der Literatur der Jahrhundertwende dargestellten Künstlerfiguren sind nicht mehr gezeichnet von einer überragenden, genialen Persönlichkeit; sie sind stattdessen vielmehr empfindsame Ästheten, Schauspieler und Komödianten, die einsam und oftmals unproduktiv sterben. Besonders anschaulich lässt sich diese Entwicklung anhand von Thomas Mann seinem Werk *Buddenbrooks. Verfall einer Familie* (1901) erörtern. In dem Roman wird der Niedergang einer wohlhabenden Kaufmannsfamilie verdeutlicht und in die Handlung eingebettet ist auch das Scheitern des Künstlertums. Das Besondere an dem Roman ist, dass es Thomas Mann gelungen ist, anhand unterschiedlicher Generationen das Scheitern des Künstlertums zu präsentieren. Während der Senator Thomas Buddenbrook eine einflussreiche und geschätzte Persönlichkeit ist, so repräsentiert sein Bruder Christian einen Spaßmacher und Komödiant, der in Künstlerkreisen verkehrt und zu einer geregelten Arbeit nicht fähig ist, letztlich in einer Heilanstalt endet. Der letzte Buddenbrook, Hanno, der ja der Sohn von Thomas Buddenbrook ist, hat eine musikalische Begabung und spielt bereits in seiner Kindheit einige Kompositionen am Klavier, doch hat auch er keine Anlagen zum Kaufmann. Obgleich alle Hoffnungen der Familie auf Hanno beruhen, so erkennt man in der Familie recht früh, dass er die Tradition seiner Großeltern und Eltern nicht fortführend wird, letztlich stirbt er mit 16 Jahren an Typhus und damit findet der Familienzweig keine Fortsetzung. Thomas Mann verdeutlicht in seinem Werk, dass von Generation zu Generation die Tatkraft und der Unternehmergeist sowie die Gesundheit schwindet und damit der ökonomische Niedergang einer Großfamilie folgt.

Fragen und Anregungen

- Verdeutlichen Sie wie die Literatur der Goethezeit im europäischen Ausland weiterentwickelt wurde.
- Erläutern Sie weswegen gerade die Goethezeit für die Anerkennung der deutschsprachigen Literatur im Ausland von zentraler Bedeutung war.
- Erörtern sie welche Rolle die Künstlerfiguren in der Literatur der Goethezeit spielen.
- Fassen Sie zusammen wie sich die Bedeutung des Begriffs Genieästhetik innerhalb der literarischen Werke, die nach 1800 entstanden, veränderte.
- Gehen Sie auf die Kritik von *Die Leiden des jungen Werther* ein und berücksichtigen Sie bei der Beantwortung auch die gesellschaftliche Situation der damaligen Zeit.

Lektüreempfehlungen

Guthke, Karl Siegfried: Englische Vorromantik und deutscher Sturm und Drang. M. G. Lewis' Stellung in der Geschichte der deutsch-englischen Literaturbeziehungen. Göttingen: Vandenhoeck&Ruprecht 1958 (Palaestra, 223).
Karthaus, Ulrich: Sturm und Drang. Epoche – Werke – Wirkung. 2. Aufl. München: Verlag C. H. Beck 2007.

Luserke, Matthias: Sturm und Drang. Autoren – Texte – Themen. Stuttgart: Philipp Reclam jun. 1997 (Universal-Bibliothek; Literaturstudium, 17602).

Hoffmann, E.T.A: Das Fräulein von Scuderi. In: Märchen und Erzählungen. Mit einem Nachwort von Gerhard Seidel. 8. Aufl. Berlin [u.a.]: Aufbau-Verlag 1988 (Bibliothek der Weltliteratur). S. 227–293.

Keller, Gottfried: Der grüne Heinrich. Hrsg. v. Thomas Böning und Gerhard Kaiser. Frankfurt am Main: Deutscher Klassiker Verlag 2007 (Deutscher Klassiker Verlag im Taschenbuch, 23).

VII. Zeittafel

1797	Balladenjahr: Goethe und Schiller verfassen Balladen für den *Musenalmanach*
1798	Goethe macht die Bekanntschaft mit Novalis
1799	Schiller zieht mit seiner Familie nach Weimar und macht die Bekanntschaft mit Johann Ludwig Tieck
1801	Gründung der Mittwochsgesellschaft in Weimar
1805	Schiller stirbt
1808	Napoleon verleiht Goethe das Ritterkreuz der Ehrenlegion und Goethe beginnt mit der Arbeit an dem Werk *Aus meinem Leben. Dichtung und Wahrheit*
1813	Wieland verstirbt
1819	Goethe schließt die Arbeit an dem Werk *West-östlicher Divan* ab
1823	Beginn der Zusammenarbeit zwischen Johann Peter Eckermann und Goethe an dem Werk *Gespräche mit Goethe in den letzten Jahren seines Lebens*
1829	Erste Aufführung von *Faust I* in Braunschweig
1831	Abschluss der Arbeit an Goethes *Faust II*
1832	Goethe stirbt

Kommentierte Bibliographie

1. Gängige Werkausgaben

Benjamin, Walter: Gesammelte Schriften. Band 2. Hrsg. v. Rolf Tiedemann und Hermann Schweppenhäuser. Frankfurt am Main: Suhrkamp 1991 (Suhrkamp-Taschenbuch Wissenschaft, 932).

Blanckenburg, Friedrich von: Versuch über den Roman. Faksimiledruck der Originalausgabe von 1774. Mit einem Nachwort von Eberhard Lämmert. Stuttgart: Metzler 1965 (Sammlung Metzler; Realienbücher für Germanisten).

Brentano, Clemens: Des Knaben Wunderhorn. Hrsg. v. Hermann Strobach. 4. Aufl. Berlin: Verlag der Nation 1983.

Bürger, Gottfried August: Von der Popularität der Poesie. In: Bürgers Werke in einem Band. Ausgewählt und eingeleitet von Brunhild Neuland. 5. Aufl. Berlin [u.a.]: Aufbau-Verlag 1990 (Bibliothek deutscher Klassiker). S. 290–297.

Eichendorff, Joseph von: Aus dem Leben eines Taugenichts. 9. Aufl. München: Deutscher Taschenbuch-Verlag 2012 (dtv; Bibliothek der Erstausgaben, 2605).

Engel, Johann Jacob: Anfangsgründe einer Theorie der Dichtungsarten aus deutschen Mustern entwickelt. 1. Teil. Berlin [u.a.]: Nicolai 1783.

Engel, Johann Jacob: Herr Lorenz Stark. Berlin: Mylius 1801.

Gellert, Christian Fürchtegott: Poetologische und Moralische Abhandlungen. In: Gesammelte Schriften. Kritische, kommentierte Ausgabe. Band 5. Hrsg. v. Werner Jung, John F. Reynolds und Bernd Witte. Berlin [u.a.]: de Gruyter 1994.

Goethe, Johann Wolfgang von: Sämtliche Werke. Briefe, Tagebücher und Gespräche. Hrsg. v. Friedmar Apel, Hendrik Birus, Anne Bohnenkamp et al. Frankfurt am Main: Deutscher Klassiker Verlag 1985–1999 (Bibliothek deutscher Klassiker, 113) [hier zitiert mit entsprechender Band- und Seitenangabe unter der Sigle GW].

Heidegger, Gotthard: Mythoscopia Romantica oder Discours von den so benanten Romans. Zürich: Gessner 1698.

Heine, Heinrich: Historisch-kritische Gesamtausgabe der Werke. Hrsg. v. Manfred Windfuhr. Hamburg: Hoffmann und Campe 1973–1997 [hier zitiert mit entsprechender Band- und Seitenangabe unter der Sigle HG].

Herder, Johann Gottfried von: Herders Briefe. Hrsg. v. Wilhelm Dobbek. Weimar: Volksverlag 1959.

Herder, Johann Gottfried von: Laßt in die Herzen sie dringen. Volkslieder. Hrsg. v. Christoph Michel. Frankfurt am Main [u.a.]: Insel-Verlag 2003 (Insel-Bücherei, 1249).

Herder, Johann Gottfried von: Werke. Hrsg. v. Günter Arnold, Martin Bollacher, Jürgen Brummack et al. Frankfurt am Main: Deutscher Klassiker Verlag 1985–2000 (Bibliothek deutscher Klasiker, 95) [hier zitiert mit entsprechender Band- und Seitenangabe unter der Sigle HW].

Hoffmann, E.T.A: Das Fräulein von Scuderi. In: Märchen und Erzählungen. Mit einem Nachwort von Gerhard Seidel. 8. Aufl. Berlin [u.a.]: Aufbau-Verlag 1988 (Bibliothek der Weltliteratur). S. 227–293.

Huber, Therese: Die Familie Seldorf. Tübingen: Cotta 1795–1796.

Kant, Immanuel: Kritik der Urteilskraft. In: Werkausgabe. Band 10. Hrsg. v. Wilhelm Weischedel. 10. Aufl. Frankfurt am Main: Suhrkamp 1989 (Suhrkamp-Taschenbuch Wissenschaft, 57).

Klencke, Karoline Luise von: Der ehrliche Schweizer. Ein Schauspiel in zwey Handlungen. Berlin: Decker 1776.

Klinger, Friedrich Maximilian: Werke. Historisch-kritische Gesamtausgabe. Hrsg. v. Sander L. Gilman, Edward P. Harris und Ulrich Profitlich. Tübingen: Max Niemeyer Verlag 1987–1997.

La Roche, Sophie von: Die Geschichte des Fräuleins von Sternheim. Hrsg. v. Christoph Martin Wieland. Leipzig: Weidmann 1771.

La Roche, Sophie von (Hrsg.): Pomona für Teutschlands Töchter. Speier: Enderes 1783–1784.

Laukhard, Friedrich Christian (Hrsg.): Zuchtspiegel für Fürsten und Hofleute. Leipzig: Fleischer 1799.

Lenz, Jakob Michael Reinhold: Werke und Briefe in drei Bänden. Hrsg. v. Sigrid Damm. Frankfurt am Main [u.a.]: Insel-Verlag 2005 (Insel-Taschenbuch 3159) [hier zitiert mit entsprechender Band- und Seitenangabe unter der Sigle WB].

Lewis, Matthew G.: The monk. Hrsg. v. Christopher MacLachlan. London [u.a.]: Penguin Books 1998 (Penguin classics).

Liebeskind, Dorothea Margaretha: Maria. Eine Geschichte in Briefen. Leipzig: Weidmann und Reich 1784.

Ludwig, Christiane Sophie: Die Familie Hohenstam oder Geschichte edler Menschen. Leizig: Gräff 1795–1796.

Macpherson, James: Fingal. An Ancient Epic Poem in Six Books. London: Becket 1762.

Mann, Thomas: Versuch über Schiller. In: Gesammelte Werke. Band 9. Reden und Aufsätze 1. Frankfurt am Main: Fischer 1990. S. 870–951.

Moritz, Karl Philipp: Anton Reiser. Ein psychologischer Roman. Hrsg. v. Günter Horst. Frankfurt am Main [u.a.]: Insel-Verlag 1998.

Moser, Johann Jakob: Lebens-Geschichte. Leipzig [u.a.]: Meyer 1777–1783.

Naubert, Benedikte: Die Amtmannin von Hohenweiler. Eine wirkliche Geschichte von Familienpapieren gezogen. Hohenzollern: Wallishauser 1797.

Salzmann, Christian Gotthilf: Carl von Carlsberg oder über das menschliche Elend. 3. Teil. Mit einem Vorwort von Günter Häntzschel. Frankfurt am Main [u.a.]: Peter Lang Verlag 1977.

Schiller, Friedrich: Musenalmanach. Tübingen [u.a.]: Cotta 1796–1800.

Schiller, Friedrich: Neue Thalia. Leipzig: Göschen 1792–1793.

Schiller, Friedrich: Schillers Werke. Nationalausgabe. Hrsg. im Auftrag der Stiftung Weimarer Klassik und des Schiller-Nationalmuseums Marbach von Norbert Oellers, Siegfried Seidel und Horst Nahler. Weimar: Verlag Hermann Böhlaus Nachfolger 1943–2000 [hier zitiert mit entsprechender Band- und Seitenangabe unter der Sigle SW].

Schlegel, Friedrich von: Kritische Friedrich Schlegel Ausgabe. Hrsg. v. Ernst Behler unter Mitwirkung von Jean-Jacques Anstett und Hans Eichner. München [u.a.]: Schöningh 1959–2009 [hier zitiert mit entsprechender Band- und Seitenangabe unter der Sigle FS].

Scudéry, Madeleine de: Artamène ou le grand Cyrus. Hrsg. v. Claude Bourqui und Alexandre Gefen. Paris: Flammarion 2005 (GF Flammarion, 1179).

Scudéry, Madeleine de: Clélie, histoire romaine. Hrsg. v. Delphine Denis. Paris: Gallimard 2006 (Collection Folio, 4337).

Shelley, Mary: Frankenstein. London: Penguin Books 1994 (Penguin popular classics).

Thon, Eleonore Sophie Auguste: Julie von Hirtenthal. Eisenach: Wittekind 1780–1783.

Tieck, Ludwig/Wackenroder, Wilhelm Heinrich: Herzensergießungen eines kunstliebenden Klosterbruders. Hrsg. v. Martin Bollacher. Stuttgart: Reclam 2005 (Reclams Universal-Bibliothek, 18348).

Tresenreuter, Sophie: Lotte Wahlstein oder die glückliche Anwendung der Zufälle und Fähigkeiten. Leipzig [u.a.]: Proft 1791–1792.

Weikard, Marianne: Die Kriegslist. Ein Lustspiel in einem Aufzuge. Wien: Oehler 1792.

Wieland, Christoph Martin (Hrsg.): Der Teutsche Merkur. Weimar: Verlag der Gesellschaft 1773–1789.

Wezel, Johann Karl: Herrmann und Ulrike. In: Johann Karl Wezel. Gesamtausgabe in acht Bänden. Jenaer Ausgabe. Band 3. Hrsg. v. Bernd Auerochs. Heidelberg: Mattes Verlag 1997.
Zimmermann, Johann Georg: Ueber die Einsamkeit. Zweiter Teil. Leipzig: Weidmann 1784.

2. Weitere zitierte Quellen

Alt, Peter André: Aufklärung. 3. Aufl. Stuttgart [u.a.]: Metzler 2007.
Becker-Cantarino, Barbara: Der lange Weg zur Mündigkeit. Frau und Literatur (1500–1800). Stuttgart: Metzler 1987.
D'Aprile, Iwan-Michelangelo/Siebers, Winfried: Das 18. Jahrhundert. Zeitalter der Aufklärung. Berlin: Akademie Verlag 2008 (Akademie Studienbücher Literaturwissenschaft).
Dawson, Ruth P.: Frauen und Theater. Vom Stegreifspiel zum bürgerlichen Rührstück. In: Deutsche Literatur von Frauen. 1. Band. Hrsg. v. Gisela Brinker-Gabler. München: Verlag C. H. Beck 1988. S. 421–434.
Dörr, Volker C.: Weimarer Klassik. Paderborn: Wilhelm Fink Verlag 2007 (Literaturwissenschaft elementar).
Gervinus, Georg Gottfried: Geschichte der poetischen National-Literatur der Deutschen. 1. Teil. 3. Ausg. Leipzig: Engelmann 1846.
Griep, Wolfgang: Reiseliteratur im späten 18. Jahrhundert. In: Deutsche Aufklärung bis zur Französischen Revolution 1680–1789. Hrsg. v. Rolf Grimminger. München [u.a.]: Carl Hanser Verlag 1980 (Hansers Sozialgeschichte der deutschen Literatur vom 16. Jahrhundert bis zur Gegenwart, 3). S. 739–764.
Grimminger, Rolf: Roman. In: Deutsche Aufklärung bis zur Französischen Revolution 1680–1789. Hrsg. v. dems. München [u.a.]: Carl Hanser Verlag 1980 (Hansers Sozialgeschichte der deutschen Literatur vom 16. Jahrhundert bis zur Gegenwart, 3). S. 635–715.
Jena, Detlef: Der Nekrolog auf Anna Amalia vom April 1807 – ein „Prunkstück" des „politischen" Goethe. In: Goethe-Spuren in Literatur, Kunst, Philosophie, Politik, Pädagogik und Übersetzung. Hrsg. v. Detlef Ignasiak und Frank Lindner. Bucha: Quartus-Verlag 2009 (Palmbaum, 25). S. 43–50.
Laube, Heinrich: Geschichte der deutschen Literatur. Stuttgart: Hallberger 1839 f.
Luserke, Matthias: Sturm und Drang. Autoren – Texte – Themen. Stuttgart: Philipp Reclam jun. 1997 (Universal-Bibliothek; Literaturstudium, 17602).
Karthaus, Ulrich: Sturm und Drang. Epoche – Werke – Wirkung. 2. Aufl. München: Verlag C. H. Beck 2007.

Korff, Hermann August: Geist der Goethezeit. Band 1. Sturm und Drang. Leipzig: Weber 1923.

Martini, Fritz: Deutsche Literaturgeschichte. Von den Anfängen bis zur Gegenwart. 19. Aufl. Stuttgart: Alfred Kröner Verlag 1991 (Kröners Taschenausgabe, 196).

Matussek, Peter: Goethe zur Einführung. Hamburg: Junius 1998 (Zur Einführung, 172).

Meyer, Reinhart: Von der Wanderbühne zum Hof- und Nationaltheater. In: Deutsche Aufklärung bis zur Französischen Revolution 1680–1789. Hrsg. v. Rolf Grimminger. München [u.a.]: Carl Hanser Verlag 1980 (Hansers Sozialgeschichte der deutschen Literatur vom 16. Jahrhundert bis zur Gegenwart, 3). S. 186–216.

Müller, Joachim: Goethes Romantheorie. In: Deutsche Romantheorien. Band 1. Hrsg. v. Reinhold Grimm. Frankfurt am Main: Athenäum Fischer Taschenbuch Verlag (Fischer Athenäum Taschenbücher Literaturwissenschaft). S. 61–104.

Promies, Wolfgang: Lyrik in der zweiten Hälfte des 18. Jahrhunderts. In: Deutsche Aufklärung bis zur Französischen Revolution 1680–1789. Hrsg. v. Rolf Grimminger. München [u.a.]: Carl Hanser Verlag 1980 (Hansers Sozialgeschichte der deutschen Literatur vom 16. Jahrhundert bis zur Gegenwart, 3). S. 569–604.

Pütz, Peter: Die deutsche Aufklärung. 3. Aufl. Darmstadt: Wissenschaftliche Buchgesellschaft 1987 (Erträge der Forschung, 81).

Schanze, Helmut: Friedrich Schlegels Theorie des Romans. In: Deutsche Romantheorien. Band 1. Hrsg. v. Reinhold Grimm. Frankfurt am Main: Athenäum Fischer Taschenbuch Verlag (Fischer Athenäum Taschenbücher Literaturwissenschaft). S. 105–124.

Schmidt, Jochen: Die Geschichte des Genie-Gedankens in der deutschen Literatur, Philosophie und Politik. 1750–1945. Band 2. Darmstadt: Wissenschaftliche Buchgesellschaft 1985.

Stephan, Inge: Inszenierte Weiblichkeit. Codierung der Geschlechter in der Literatur des 18. Jahrhunderts. Köln [u.a.]: Böhlau 2004 (Literatur, Kultur, Geschlecht, 20).

Stockhorst, Stefanie: Fürstenpreis und Kunstprogramm. Sozial- und gattungsgeschichtliche Studien zu Goethes Gelegenheitsdichtungen für den Weimarer Hof. Tübingen: Niemeyer 2002 (Studien zur deutschen Literatur, 167).

Titzmann, Michael: Probleme des Epochenbegriffs in der Literaturgeschichtsschreibung. In: Klassik und Moderne. Die Weimarer Klassik als historisches Ereignis und Herausforderung im kulturgeschichtlichen

Prozeß. Hrsg. v. Karl Richter und Jörg Schönert. Stuttgart: Metzler 1983. S. 98–131.

Uedding, Gert: Klassik und Romantik. Deutsche Literatur im Zeitalter der Französischen Revolution 1789–1815. 2. Aufl. München: Deutscher Taschenbuch Verlag 2008 (Hansers Sozialgeschichte der deutschen Literatur vom 16. Jahrhundert bis zur Gegenwart, 4).

Wölfel, Kurt: Friedrich von Blanckenburgs *Versuch über den Roman*. In: Deutsche Romantheorien. Band 1. Hrsg. v. Reinhold Grimm. Frankfurt am Main: Athenäum Fischer Taschenbuch Verlag (Fischer Athenäum Taschenbücher Literaturwissenschaft). S. 29–60.

3. Einführungs- und Überblicksliteratur

Bauer, Matthias: Romantheorie und Erzählforschung. Eine Einführung. 2. Aufl. Stuttgart [u.a.]: Metzler 2005.

Bode, Christoph: Der Roman. Eine Einführung. Tübingen [u.a.]: Francke Verlag 2005.

Burdorf, Dieter: Einführung in die Gedichtanalyse. 2. Aufl. Stuttgart [u.a.]: Metzler 2007 (Sammlung Metzler, 284).

Buschmeier, Matthias/Kauffmann, Kai: Einführung in die Literatur des Sturm und Drang und der Weimarer Klassik. Darmstadt: Wissenschaftliche Buchgesellschaft 2013 (Einführungen Germanistik).

Englhart, Andreas: Einführung in das Werk Friedrich Schillers. Darmstadt: Wissenschaftliche Buchgesellschaft 2010 (Einführungen Germanistik).

Hamacher, Bernd: Einführung in das Werk Johann Wolfgang von Goethes. Darmstadt: Wissenschaftliche Buchgesellschaft 2013 (Einführungen Germanistik).

Martínez, Matías (Hrsg.): Handbuch Erzählliteratur. Theorie, Analyse, Geschichte. Stuttgart [u.a.]: Metzler 2011.

Müller, Oliver: Einführung in die Lyrik-Analyse. Darmstadt: Wissenschaftliche Buchgesellschaft 2011 (Einführungen Germanistik).

Schmitz-Emans, Monika: Einführung in die Literatur der Romantik. 3. Aufl. Darmstadt: Wissenschaftliche Buchgesellschaft 2009 (Einführungen Germanistik).

Schößler, Franziska: Einführung in die Dramenanalyse. Unter Mitarbeit von Christine Bähr und Nico Theisen. Stuttgart [u.a.]: Metzler 2012.

Tausch, Harald: Literatur um 1800. Klassisch-romantische Moderne. Berlin: Akademie-Verlag 2012 (Akademie-Studienbücher; Literaturwissenschaft).

4. Forschungsliteratur zu speziellen Aspekten

Adam, Wolfgang: Freundschaft und Geselligkeit im 18. Jahrhundert. In: Der Freundschaftstempel im Gleimhaus zu Halberstadt. Porträts des 18. Jahrhunderts. Hrsg. v. Gleimhaus Halberstadt. Leipzig: Seeman 2000. S. 9–34.

Adam, Wolfgang: Kanon und Generation. Der Torso vom Belvedere in der Sicht deutscher Italienreisender des 18. Jahrhunderts. In: Euphorion (97) 2003. S. 419–457.

Adam, Wolfgang: Kleine Begebenheiten aus Italien: Ludwig Tiecks *Reisegedichte*. In: Texte, Bilder, Kontexte. Interdisziplinäre Beiträge zu Literatur, Kunst und Ästhetik der Neuzeit. Hrsg. v. Ernst Rohmer. Heidelberg: Winter 2000 (Beihefte zum Euphorion, 36). S. 119–147.

Alt, Peter André: Agon und Autonomie. Zu den Tragödientheorien Goethes und Schillers. In: Goethe-Jahrbuch (122) 2005. S. 117–136.

Ansel, Michael: Die Bedeutung von Heines *Romantischer Schule* für die hegelianische Romantik-Historiographie im 19. Jahrhundert. In: Heine-Jahrbuch 40 (2001). S. 46–78.

Arrighetti, Anna Maria: Friedrich Gundolf, Max Kommerell und die Verbindlichkeit des dichterischen Wortes bei Goethe. In: Goethe-Jahrbuch (125) 2008. S. 80–94.

Aurnhammer, Achim/Beßlich, Barbara: Freiburg als Zentrum der südwestdeutschen katholischen Aufklärung zwischen Josephinismus und Frühliberalismus. In: Der Ort und das Ereignis. Die Kulturzentren in der europäischen Geschichte. Hrsg. v. Aldo Venturelli und Fabio Frosini. Freiburg im Breisgau: Rombach 2002. S. 121–145.

Bachleitner, Norbert: „Übersetzungsfabriken". Das deutsche Übersetzungswesen in der ersten Hälfte des 19. Jahrhunderts. In: Internationales Archiv für Sozialgeschichte der deutschen Literatur (14) 1989. S. 1–49.

Basfeld, Martin: Die vier Elemente in Goethes Witterungslehre. In: Goethe-Jahrbuch (124) 2007. S. 126–132.

Begemann, Christian: Brentano und Kleist vor Friedrichs *Mönch am Meer*. Aspekte eines Umbruchs in der Geschichte der Wahrnehmung. In: Deutsche Vierteljahrsschrift für Literaturwissenschaft und Geistesgeschichte (64/1) 1990. S. 54–95.

Bersier, Gabrielle: Kulturbruch und transkulturelles Einvernehmen. Goethes deutscher Brief an Madame de Staël in Dresden. In: Goethe-Jahrbuch (128) 2011. S. 217–227.

Bertschik, Julia: „Sinnliche Zeichen". Dichtungssymbolik bei Goethe und Caroline de la Motte Fouqué. In: Jahrbuch der Fouqué-Gesellschaft Berlin-Brandenburg 2004. S. 107–119.

Beyer, Andreas: „Wir sind keine Griechen mehr". Goethe und Schiller als Denkmal in Weimar. In: Goethe-Jahrbuch (122) 2005. S. 36–42.

Bies, Michael: Leibhafte Bilder, klassische Tropen. Zu Goethes Auseinandersetzung mit Carl Friedrich Philipp von Martius in den Jahren 1823 und 1824. In: Goethe-Jahrbuch (129) 2012. S. 30–38.

Birkner, Nina: „Ein ganzer *Tasso*! Das ist doch was!" Zum Regietheater und zur Aktualität des Künstlerdiskurses in Goethes *Torquato Tasso*. In: Goethe-Jahrbuch (127) 2010. S. 135–153.

Birus, Hendrik: „Bedeutende Situationen, in einer künstlichen Folge". Über Goethes musikalische Dramen mit Seitenblicken auf Mozart und Ausblicken auf Hofmannsthal und Strauss. In: Jahrbuch des Freien Deutschen Hochstifts 2002. S. 270–295.

Birus, Hendrik: Der Entzug des Hier und Jetzt. Goethes *Ueber Kunst und Alterthum* an der Schwelle zum Zeitalter der technischen Reproduzierbarkeit des Kunstwerks. In: Medien der Präsenz. Museum, Bildung und Wissenschaft im 19. Jahrhundert. Hrsg. v. Jürgen Fohrmann, Andrea Schütte und Wilhelm Voßkamp. Köln: DuMont 2001 (Mediologie, 3). S. 11–25.

Birus, Hendrik: Goethes Idee der Weltliteratur. Eine historische Vergegenwärtigung. In: Weltliteratur heute. Konzepte und Perspektiven. Hrsg. v. Manfred Schmeling. Würzburg: Königshausen&Neumann 1995 (Saarbrücker Beiträge zur vergleichenden Literatur- u. Kulturwissenschaft, 1). S. 5–28.

Birus, Hendrik: Goethes *Italienische Reise* als Einspruch gegen die Romantik. In: Europäische Begegnungen – Die Faszination des Südens. Hrsg. v. Stefan Krimm und Ursula Triller. München: Bayerischer Schulbuchverlag 2001 (Dialog Schule Wissenschaft; Deutsch und Geschichte). S. 116–134.

Birus, Hendrik: „Größte Tendenz des Zeitalters" oder „ein Candide, gegen die Poësie gerichtet?" Friedrich Schlegels und Novalis' Kritik des *Wilhelm Meister*. In: Goethes Kritiker. Hrsg. v. Karl Eibl und Bernd Scheffer. Paderborn: Mentis 2001. S. 27–43.

Birus, Hendrik: Im Gegenwärtigen Vergangnes. Die Wiederbegegnung des alten mit dem jungen Goethe. In: Der junge Goethe. Genese und Konstruktion einer Autorschaft. Hrsg. v. Waltraud Wiethölter. Tübingen [u.a.]: Francke 2001. S. 9–23.

Blessin, Stefan: Goethes Romane. Aufbruch in die Moderne. Paderborn [u.a.]: Schöningh 1996.

Bluhm, Lothar: „compilierende oberflächlichkeit" gegen „gernrezensirende Vornehmheit". Der Wissenschaftskrieg zwischen Friedrich Heinrich von der Hagen und den Brüdern Grimm. In: Romantik und Volksliteratur. Beiträge des Wuppertaler Kolloquiums zu Ehren von Heinz Rölleke. Hrsg. v. Achim Hölter und dems. Heidelberg: Winter 1999. S. 49–70.

Bluhm, Lothar: „Du kommst mir vor wie Saul, der Sohn Kis' ...". *Wilhelm Meisters Lehrjahre* zwischen ‚Heilung' und ‚Zerstörung'. In: „daß gepfleget werde der feste Buchstab". Festschrift für Heinz Rölleke zum 65. Geburtstag. Hrsg. v. Lothar Bluhm. Trier: WVT Wissenschaftlicher Verlag Trier 2001. S. 122–140.

Bluhm, Lothar: Goethes „incalculable Productionen". Zur Kontextualität von *Wilhelm Meisters Lehrjahren* und den *Unterhaltungen deutscher Ausgewanderten*. In: Der europäische Roman zwischen Aufklärung und Postmoderne. Festschrift zum 65. Geburtstag von Jürgen C. Jacobs. Hrsg. v. Friedhelm Marx und Andreas Meier. Weimar: VDG 2001. S. 35–50.

Bluhm, Lothar: „In jenen unglücklichen Tagen ...". Goethes *Unterhaltungen deutscher Ausgewanderten* oder die Ambivalenz von Kunst und Gesellschaft. In: Erzählte Welt – Welt des Erzählens. Festschrift für Dietrich Weber. Hrsg. v. Rüdiger Zymner. Köln: ed. Chōra 2000 (Literaturwissenschaften). S. 27–45.

Böhler, Michael: Die Freundschaft von Schiller&Goethe als literatursoziologisches Paradigma. In: Internationales Archiv für Sozialgeschichte der deutschen Literatur (5) 1980. S. 33–67.

Böhler, Michael: Geteilte Autorschaft. Goethe und Schiller. Visionen des Dichters, Realitäten des Schreibens. In: Goethe-Jahrbuch (112) 1995. S. 167–182.

Böhme, Hartmut: Fetisch und Idol. Die Temporalität von Erinnerungsformen in Goethes *Wilhelm Meister*, *Faust* und Der *Sammler und die Seinigen*. In: Goethe und die Verzeitlichung der Natur. Hrsg. v. Peter Matussek. München: Beck 1998 (Kulturgeschichte der Natur in Einzeldarstellungen). S. 178–201.

Böhme, Hartmut: Goethes Erde zwischen Natur und Geschichte. Erfahrungen von Zeit in der *Italienischen Reise*. In: Goethe-Jahrbuch (110) 1993. S. 209–226.

Böhme, Hartmut: „Kein wahrer Prophet". Die Zeichen und das Nicht-Menschliche in Goethes Roman Die *Wahlverwandtschaften*. In: Goethe. Die Wahlverwandtschaften. Hrsg. v. Gisela Greve. Tübingen: Ed. diskord 1999. S. 97–123.

Böhme, Hartmut: Lebendige Natur. Wissenschaftskritik, Naturforschung und allegorische Hermetik bei Goethe. In: Deutsche Vierteljahresschrift für Literaturwissenschaft und Geistesgeschichte (60/2) 1986. S. 249–272.

Böhme, Gernot: „Mir läuft ein Schauer übern ganzen Leib". Das Wetter, die Witterungslehre und die Sprache der Gefühle. In: Goethe-Jahrbuch (124) 2007. S. 133–141.

Böhmer, Sebastian: Goethe, schreibend, auf dem Brenner. Anmerkungen zu zwei Fassungen eines denkwürdigen Moments. In: Goethe-Jahrbuch (129) 2012. S. 13–20.

Böning, Holger: Das Volk im Patriotismus der deutschen Aufklärung. In: Patriotismus und Nationsbildung am Ende des Heiligen Römischen Reiches. Hrsg. v. Otto Dann et al. Köln: SH-Verlag 2003 (Kölner Beiträge zur Nationsforschung, 9). S. 63–98.

Böning, Holger: „Ist das Zeitungslesen auch dem Landmanne zu verstatten?" Überlegungen zum bäuerlichen Lesen in der deutschen Aufklärung. In: Hören – Sagen – Lesen – Lernen. Bausteine zu einer Geschichte der kommunikativen Kultur. Festschrift für Rudolf Schenda zum 65. Geburtstag. Hrsg. v. Ursula Brunold-Bigler. Bern [u.a.]: Peter Lang Verlag 1995. S. 39–53.

Böning, Holger: Pressewesen und Aufklärung. Intelligenzblätter und Volksaufklärer. In: Pressewesen der Aufklärung. Periodische Schriften im Alten Reich. Hrsg. v. Sabine Doering-Manteuffel. Berlin: Akademie-Verlag 2001 (Colloquia Augustana, 15). S. 69–119.

Böning, Holger: Vielfalt der literarischen Formen. Alltag und „Volk" in Publizistik und Gebrauchsliteratur der deutschen Aufklärung. In: Weimarer Beiträge (11) 1990. S. 1754–1767.

Borchmeyer, Dieter: Goethe. In: Deutsche Erinnerungsorte I. Hrsg. v. Etienne Francois und Hagen Schulze. München: C. H. Beck 2003. S. 187–206.

Borchmeyer, Dieter: „Lebensfluten – Tatensturm". Goethe – der bewegte Bürger. In: Goethe-Jahrbuch (129) 2012. S. 49–63.

Bornscheuer, Lothar: „ … und suche das Gründliche was als Capital Interessen tragen muß". Zur historischen Existenzgründung des „Dichtergenies" auf dem Buchmarkt an den Beispielen Klopstocks und Goethes. In: Literatur und Leben. Anthropologische Aspekte in der Kultur der Moderne. Festschrift für Helmut Scheuer zum 60. Geburtstag. Hrsg. v. Günter Helmes. Tübingen: Narr 2002. S. 39–53.

Bosse, Heinrich: Autorschaft ist Werkherrschaft. Über die Entstehung des Urheberrechts aus dem Geist der Goethezeit. Paderborn [u.a.]: Schöningh 1981.

Bosse, Heinrich: Bildungsrevolution 1770–1830. Hrsg. mit einem Gespräch von Nacim Ghanbari. Heidelberg: Winter 2012 (Reihe Siegen; Beiträge zur Literatur-, Sprach- und Medienwissenschaften, 169).

Braungart, Wolfgang: „Aus denen Kehlen der ältsten Müttergens." Über Kitsch und Trivialität, populäre Kultur und Elitekultur, Mündlichkeit und Schriftlichkeit der Volksballade, besonders bei Herder und Goethe. In: Jahrbuch für Volksliedforschung (41) 1996. S. 11–32.

Breidbach, Olaf: Gedanken zu Goethes Metamorphosenlehre. In: Goethe-Jahrbuch (125) 2008. S. 95–109.

Brüning, Gerrit: Unglückliches Ereignis. Goethes Erfindung und sein Verhältnis zu Schiller. In: Goethe-Jahrbuch (127) 2010. S. 48–56.

Bunzel, Wolfgang: Das gelähmte Genie. Versuch einer Deutung von Goethes Gedicht *Der Adler und die Taube* (1772/73). In: Wirkendes Wort (41/1) 1991. S. 1–14.

Bürger, Christa: „Die mittlere Sphäre". Sophie Merau – Schriftstellerin im klassischen Weimar. In: Deutsche Literatur von Frauen. 1. Band. Hrsg. v. Gisela Brinker-Gabler. München: Verlag C. H. Beck 1988. S. 366–388.

Busch, Werner: Goethe und Neureuther. Die Arabeske: Ornament oder Reflexionsmedium? In: Goethe-Jahrbuch (128) 2011. S. 127–158.

Buschmeier, Matthias: Epos, Philologie, Roman. Wolf, Friedrich Schlegel und ihre Bedeutung für Goethes *Wanderjahre*. In: Goethe-Jahrbuch (125) 2008. S. 64–79.

Colombo, Gloria: Goethe und die Seelenwanderung. In: Goethe-Jahrbuch (129) 2012. S. 39–47.

Costazza, Alessandro: Das „Charakteristische" ist das „Idealische". Über die Quellen einer umstrittenen Kategorie der italienischen und deutschen Ästhetik zwischen Aufklärung, Klassik und Romantik. In: Beiträge zu Komparatistik und Sozialgeschichte in der Literatur. Hrsg. v. Alberto Martino. Amsterdam [u.a.]: Rodopi 1997 (Chloe, 26). S. 463–490.

Daiber, Jürgen: Die Suche nach der Urformel. Zur Verbindung von romantischer Naturforschung und Dichtung. In: Aurora: Jahrbuch der Eichendorff-Gesellschaft (60) 2000. S. 75–104.

Davies, Steffan: Goethes *Egmont* in Schillers Bearbeitung. Ein Gemeinschaftswerk an der Schwelle der Klassik. In: Goethe-Jahrbuch (123) 2006. S. 13–24.

Doering, Sabine: „so fand ich ihn '. Goethe und Hölderlin. Stationen einer komplizierten Begegnung. In: Goethe-Jahrbuch (128) 2011. S. 170–187.

Dönike, Martin: Eine „passionierte Existenz". Friedrich Bury und Weimar. In: Goethe-Jahrbuch (129) 2012. S. 75–96.

Dönike, Martin: Jenseits „edler Einfalt und stiller Größe". Die „Zerstörung der Familie Priamo" auf der Weimarer Kunstausstellung von 1803. In: Goethe-Jahrbuch (121) 2004. S. 38–52.

Dörr, Volker C. : „... bey einer guten Handlung böse Grundsätze zu argwohnen!" Empfindsame Diskurse bei Gellert, Sophie von La Roche und in Goethes *Werther*. In: Orbis Litterarum (55) 2000. S. 58–79.

Dotzler, Bernhard J.: Werthers Leser. Über die Appellstruktur der Texte im Licht von Goethes Roman. In: MLN (114) 1999. S. 445–470.

Dunker, Axel/Lindemann, Annette: Achim von Arnim und die Auflösung des Künstler-Subjekts. Alchimistische und ästhetische Zeichensysteme in der Erzählung *Die drei liebreichen Schwestern und der glückliche Färber*. In: Zeitschrift für deutsche Philologie (112) 1993. S. 65–78.

Dunker, Axel: Der „preßhafte Autor". Biedermeier als Verfahren in E.T.A. Hoffmanns späten Almanach-Erzählungen. In: E.T.A. Hoffmann Jahrbuch (6) 1998. S. 39–49.

Eibl, Karl: Consensus. Eine Denkfigur des 18. Jahrhunderts als Kompositionsprinzip Goethescher Gedichtsammlungen. In: Literaturhistorische Begegnungen. Festschrift zum sechzigsten Geburtstag von Bernhard König. Hrsg. v. Andreas Kablitz und Ulrich Schulz-Buschhaus. Tübingen: Narr 1993. S. 29–41.

Eibl, Karl: Der Blick hinter den Spiegel. Sinnbild und gedankliche Bewegung in Hölderlins „Hälfte des Lebens" In: Jahrbuch der deutschen Schillergesellschaft (27) 1983. S. 222–234.

Eibl, Karl: Grund zum Leben – Grund zum Sterben. Beobachtungen am Drama des 18. Jahrhunderts und Heinrich von Kleists. In: Identität und Moderne. Hrsg. v. Herbert Willems und Alois Hahn. Frankfurt am Main: Suhrkamp 1999 (Suhrkamp-Taschenbuch Wissenschaft, 1439). S. 138–163.

Eibl, Karl: Zur Bedeutung der Wette im *Faust*. In: Goethe-Jahrbuch (116) 1999. S. 271–280.

Endres, Johannes: *Nathan*, entzaubert. Kontinuität und Diskontinuität der Aufklärung in Schillers *Die Braut von Messina*. In: Jahrbuch des Freien Deutschen Hochstifts 2000. S. 164–188.

Endres, Johannes: Novalis und das Lustspiel. Ein vergessener Beitrag zur Geschichte der Gattung. In: Aurora. Jahrbuch der Eichendorff-Gesellschaft (58) 1998. S. 19–34.

Endres, Johannes: Szenen der „Verwandlung". Novalis und das Drama. In: Das romantische Drama. Produktive Synthese zwischen Tradition und Innovation. Hrsg. v. Uwe Japp. Tübingen: Niemeyer 2000 (Untersuchungen zur deutschen Literaturgeschichte, 103). S. 65–87.

Eppers, Arne: „Berührungen aus der Ferne". Goethe und Walter Scott. In: Goethe-Jahrbuch (123) 2006. S. 152–166.

Essen, Gesa von: „eine Annäherung, die nicht erfolgte"? Die schwierigen Anfänge eines Dichterbundes. In: Goethe-Jahrbuch (122) 2005. S. 43–61.

Feldt, Michael: Lyrik als Erlebnislyrik. Zur Geschichte eines Literatur- und Mentalitätstypus zwischen 1600 und 1900. Heidelberg: Winter 1990 (Reihe Siegen; Beiträge zur Literatur-, Sprach- und Medienwissenschaft, 87).

Fleig, Anne: Automaten mit Köpfchen. Lebendige Maschinen und künstliche Menschen im 18. Jahrhundert. In: Grenzverläufe. Der Körper als Schnitt-Stelle. Hrsg. v. Annette Barkhaus und ders. München: Fink 2002. S. 117–130.

Fleig, Anne: Vom Ausschluß zur Aneignung. Neue Positionen in der Geschlechterforschung zur Aufklärung. In: Das achtzehnte Jahrhundert (26/1) 2002. S. 79–89.

Friedrich, Hans-Edwin: Autonomie der Liebe – Autonomie des Romans. Zur Funktion von Liebe im Roman der 1770er Jahre: Goethes *Werther* und Millers *Siegwart*. In: Nach der Sozialgeschichte. Konzepte für eine Literaturwissenschaft zwischen Historischer Anthropologie, Kulturgeschichte und Medientheorie. Hrsg. v. Martin Huber und Gerhard Lauer. Tübingen: Niemeyer 2000. S. 209–220.

Friedrich, Hans-Edwin: „Ewig lieben", zugleich aber „menschlich lieben"? Zur Reflexion der empfindsamen Liebeskonzeption von Gellert und Klopstock zu Goethe und Jacobi. In: Aufklärung. Ein interdisziplinäres Jahrbuch zur Erforschung des 18. Jahrhunderts und seiner Wirkungsgeschichte 13 (2001). S. 148–189.

Friedrich, Hans-Edwin: „Geordnete Freiheit". Zur anthropologischen Verankerung der Verslehre in der poetologischen Diskussion des 18. Jahrhunderts. In: Aufklärung. Ein interdisziplinäres Jahrbuch zur Erforschung des 18. Jahrhunderts und seiner Wirkungsgeschichte 14 (2002) S. 7–22.

Fröhlich, Bettina: Sokratischer Heroismus und platonische Pietät. Goethes Platon-Rezeption. In: Goethe-Jahrbuch (127) 2010. S. 170–185.

Frühwald, Wolfgang: „Denn wozu dient alle der Aufwand von Sonnen und Planeten und Monden [...]?". Bild und Erfahrung der Natur bei Goethe. In: Goethe-Jahrbuch (124) 2007. S. 27–37.

Fulda, Daniel: Goethezeitliche Ästhetik und die Ermöglichung einer textuellen Repräsentation von „Geschichte". Zur Genese einer symbolischen Form. In: Literatur und Geschichte. Ein Kompendium zu ihrem Verhältnis von der Aufklärung bis zur Gegenwart. Hrsg. v. Silvia Serena Tschopp und dems. Berlin [u.a.]: de Gruyter 2002. S. 299–320.

Fulda, Daniel: Wissenschaft aus Kunst. Die Entstehung der modernen Geschichtsschreibung 1760–1860. Berlin [u.a.]: de Gruyter 1996 (European cultures; Studies in literatures and the arts, 7).

Geisenhanslüke, Achim: Aspekte der Marienlyrik um 1800. Schlegel – Novalis – Hölderlin. In: Zeitschrift für deutsche Philologie (121/4) 2002. S. 510–528.

Geisenhanslüke, Achim: „Drum sind auch alle französischen Trauerspiele Parodien von sich selbst." Racine und die Rezeption der klassischen französischen Tragödie bei Schiller und Goethe. In: Komparatistik. Jahrbuch der Deutschen Gesellschaft für Allgemeine und Vergleichende Literaturwissenschaft 2002. S. 9–32.

Gerhardt, Christoph/Reinhardt, Hartmut: Madonnas Erdenblick. Goethe, Tizian, eine Gürtelgeschichte und eine Fernwirkung. In: Röllwagenbüchlein. Festschrift für Walter Röll zum 65. Geburtstag. Hrsg. v. Jürgen Jaehrling, Uwe Meves und Erika Timm. Tübingen: Niemeyer 2002. S. 251–276.

Gnam, Andrea: Die Rede über den Körper. Zum Körperdiskurs in Kleists Texten *Die Marquise von O...* und *Über das Marionettentheater*. In: Heinrich von Kleist. Hrsg. v. Heinz Ludwig Arnold in Zusammenarbeit mit Roland Reuss und Peter Staengle. München: Edition Text+Kritik 1993 (Text+Kritik Sonderband). S. 170–176.

Gnam, Andrea: „Geognosie, Geologie, Mineralogie und Angehöriges". Goethe als Erforscher der Erdgeschichte. In: Goethe nach 1999. Positionen und Perspektiven. Hrsg. v. Matthias Luserke. Göttingen: Vandenhoeck&Ruprecht 2001. S. 79–87.

Gnam, Andrea: „Und Gott tanze vor". Der Sprung in die Subjektivität im Modus des Traums. Jean Pauls Konzeption gewitzten Schreibens im *Schulmeisterlein Wutz*. In: Athenäum. Jahrbuch der Friedrich Schlegel Gesellschaft (5) 1995. S. 57–70.

Gnam, Andrea: „Unzucht mit schönen jungfräulichen Gedanken". E.T.A. Hoffmann als Zeremonienmeister der versprengten Leidenschaft. In: Recherches Germaniques (23) 1993. S. 93–100.

Gobert, Catherine: Die dämonische Amazone. Louise de Gachet und die Genese eines literarischen Frauentypus in der deutschen Romantik. Regensburg: Universität 1997 (Regensburger Skripten zur Literaturwissenschaft, 3).

Görner, Rüdiger: Unter Zitronenblüten und Narren. Schwellen zwischen Natur und Gesellschaft in Goethes *Italienischer Reise*. In: Goethe-Jahrbuch (124) 2007. S. 74–84.

Grave, Johannes: Illusion und Bildbewusstsein. Überraschende Konvergenzen zwischen Goethe und Caspar David Friedrich. In: Goethe-Jahrbuch (128) 2011. S. 107–126.

Greif, Stefan: „Daß ich ein Seeliger sei mitten in irdischer Nacht!". Zum Bild des Künstlers in Fouqués Kunstmärchen *Die vierzehn glücklichen Tage*. In: Zeitschrift für deutsche Philologie (112) 1993. S. 97–116.

Grimm, Gunter E.: Elektronische Gehirne. Zur literarischen Genese des Androiden. In: Literatur für Leser (21/2) 1998. S. 73–94.

Grimm, Sieglinde: Ästhetische Erziehung revisited: *Schillers Wilhelm Tell*. In: Mitteilungen des Deutschen Germanistenverbandes (50) 2003. S. 420–441.

Grimm, Sieglinde: Fichtes Gedanke der Wechselwirkung in Hölderlins Empedokles-Tragödie. In: Poetica. Zeitschrift für Sprach- und Literaturwissenschaft (33/1) 2001. S. 191–214.

Gülke, Peter: Christian August Vulpius. Umrisse eines Lebensbildes. In: Goethe-Jahrbuch (127) 2010. S. 222–233.

Guthke, Karl Siegfried: Englische Vorromantik und deutscher Sturm und Drang. M. G. Lewis' Stellung in der Geschichte der deutsch-englischen Literaturbeziehungen. Göttingen: Vandenhoeck&Ruprecht 1958 (Palaestra, 223).

Häntzschel, Günter: Adalbert Stifters Nausikaa. In: Stifter-Studien. Ein Festgeschenk für Wolfgang Frühwald zum 65. Geburtstag. Hrsg. v. Walter Hettche, Johannes John und Sibylle von Steinsdorff. Tübingen: Niemeyer 2000. S. 87–96.

Häntzschel, Günter: Das Ende der Kunstperiode? Heinrich Heine und Goethe. In: Goethes Kritiker. Hrsg. v. Karl Eibl und Bernd Scheffer. Paderborn: Mentis 2001. S. 57–70.

Häntzschel, Günter: „Überschriften" und „Kapitel". Die „Welt" der *Venezianischen Epigramme* Goethes. In: Lichtenberg-Jahrbuch 2001. S. 127–144.

Happ, Julia S.: Goethes Pandorengeschenke. „Gestalten Umgestalten" oder Metamorphosen der Pandora. In: Goethe-Jahrbuch (127) 2010. S. 70–81.

Hartmann, Tina: Von *Erwin und Elmire* zum *Faust*-Libretto. Warum Goethe ein Leben lang Opern schrieb. In: Goethe-Jahrbuch (128) 2011. S. 60–68.

Haug, Christine: „Die Bibliothek verteidigt sich selbst ...". Unsichtbare Literatur und verborgene Bibliotheken im 18. Jahrhundert. In: Verbergen – Überschreiben – Zerreißen. Formen der Bücherzerstörung in Literatur, Kunst und Religion. Hrsg. v. Mona Körte und Cornelia Ortlieb. Berlin: Schmidt 2007 (Allgemeine Literaturwissenschaft – Wuppertaler Schriften, 9). S. 142–162.

Haug, Christine: „Ich sehe mit Verlangen der Stunde entgegen, die mich von Brod-Arbeit befreien soll" – Georg Forster im Beziehungsgeflecht seiner Verleger um 1800. In: Georg-Forster-Studien (12) 2007. S. 25–58.

Haug, Christine: Weibliche Geselligkeit und literarische Konspiration im Vorfeld der Französischen Revolution. Über das Projekt zur Gründung einer Frauenlesegesellschaft in Gießen 1789/1790. In: Sozietäten, Netzwerke, Kommunikation. Neue Forschungen zur Vergesellschaftung im Jahrhundert der Aufklärung. Hrsg. v. Holger Zaunstöck, Markus Meumann et al. Tübingen: Niemeyer 2003 (Hallesche Beiträge zur europäischen Aufklärung, 21). S. 177–192.

Heinz, Andrea: Auf dem Weg zur Kulturzeitschrift. Die ersten Jahrgänge von Wielands *Teutschem Merkur*. In: *Der Teutsche Merkur* – die erste deutsche Kulturzeitschrift? Hrsg. v. ders. Heidelberg: Winter 2003 (Ereignis Weimar-Jena, 2). S. 11–36.

Heinz, Jutta: „Eine Art – wie der Merkur hätte werden sollen". Programmatik, Themen und kulturpolitische Positionen des *Teutschen Merkur* und des *Deutschen Museum* im Vergleich. In: *Der Teutsche Merkur* – die erste deutsche Kulturzeitschrift? Hrsg. v. Andrea Heinz. Heidelberg 2003. S. 108–130.

Heinz, Jutta: „Ein Park, der blosse einfache Natur ist". Zu einigen Parallelen von Gartenkunst und Romantheorie im 18. Jahrhundert. In: Der imaginierte Garten. Hrsg. v. Günter Oesterle und Harald Tausch. Göttingen: Vandenhoeck&Ruprecht 2001 (Formen der Erinnerung, 9). S. 253–270.

Heinz, Jutta: *Ueber die Mittel Naturgeschichte gemeinnütziger zu machen* (1799). Bertuchs Entwurf eines populärwissenschaftlichen Forschungs- und Verlagsprogramms. In: Friedrich Justin Bertuch (1747–1822). Verleger, Schriftsteller und Unternehmer im klassischen Weimar. Hrsg. v. Gerhard R. Kaiser und Siegfried Seifert. Tübingen: Niemeyer 2000. S. 659–671.

Heinz, Jutta: Wezel und die Frauen. Profeminismus im späten 18. Jahrhundert? In: Wezel-Jahrbuch 4 (2001). S. 120–141.

Helbig, Holger: Der „Bezug auf sich selbst". Zu den erkenntnistheoretischen Implikationen von Goethes Naturbegriff. In: Goethe-Jahrbuch (124) 2007. S. 48–59.

Helmreich, Christian: Theorie und Geschichte der Naturwissenschaft bei Goethe und Alexander von Humboldt. In: Goethe-Jahrbuch (124) 2007. S. 167–177.

Heusser, Peter: Goethes Verständnis von Naturwissenschaft. In: Goethe-Jahrbuch (125) 2008. S. 110–121.

Hildmann, Philipp W.: Die Figur Mittler aus Goethes Roman *Die Wahlverwandtschaften* als Repräsentant der Neologen. In: Euphorion (97/1) 2003. S. 51–71.

Hillenbrand, Rainer: Klassische Mystik in Goethes *West-östlichem Divan*. In: Goethe-Jahrbuch (127) 2010. S. 186–194.

Hilmes, Carola: „ … wie eine Religion zu zweit". Literarische Reflexionen romantischer Liebe bei Karoline von Günderrode und Lou Andreas-Salomé.

In: Skandalgeschichten. Aspekte einer Frauenliteraturgeschichte. Hrsg. v. ders. Königstein/Taunus: Helmer 2004. S. 61–79.

Hilmes, Carola: Georg Forster und Therese Huber: Eine Ehe in Briefen. In: Das literarische Paar. Le couple littéraire. Intertextualität der Geschlechterdiskurse. Intertextualité et discours des sexes. Hrsg. v. Gislinde Seybert. Bielefeld: Aisthesis 2003. S. 111–135.

Hilmes, Carola: „Jetzt bin ich negativ glücklich". Die autobiographischen Schriften und Reisetagebücher Elisas von der Reckes. In: Triangulum. Germanistisches Jahrbuch für Estland, Lettland und Litauen (10) 2003/2004. S. 37–59.

Hilmes, Carola: „Lieber Widerhall". Bettine von Arnim: Die Günderode. Eine dialogische Autobiographie. In: Germanisch-romanische Monatsschrift (46/4) 1996. S. 424–438.

Hilmes, Carola: Namenlos. Über die Verfasserin von „Gustavs Verirrungen". In: Spurensuche in Sprach- und Geschichtslandschaften. Festschrift für Ernst Erich Metzner. Hrsg. von Andrea Hohmeyer. Münster [u.a.]: LIT Verlag 2003 (Germanistik, 26). S. 265–276.

Hilmes, Carola: Vom Skandal weiblicher Autorschaft. Publikationsbedingungen für Schriftstellerinnen zwischen 1770 und 1830. In: Skandalgeschichten. Aspekte einer Frauenliteraturgeschichte. Hrsg. v. ders. Königstein/Taunus: Helmer 2004. S. 43–59.

Hisayama, Yuho: Goethes Gewalt-Begriff im Kontext seiner Auffassung von Natur und Kunst. In: Goethe-Jahrbuch (129) 2012. S. 64–74.

Ho, Shu Ching: Knochenbau der Erde als Konstruktion der Welt. Zur Bedeutung der Geologie in *Wilhelm Meisters Wanderjahren*. In: Goethe-Jahrbuch (125) 2008. S. 122–135.

Hoffmann, Volker: Elisa und Robert oder das Weib und der Mann, wie sie sein sollten. Anmerkungen zur Geschlechtercharakteristik der Goethezeit. In: Klassik und Moderne. Hrsg. v. Karl Richter und Jörg Schönert. Stuttgart: Metzler 1983. S. 80–97.

Hoffmann, Volker: Künstliche Zeugung und Zeugung von Kunst im Erzählwerk Achim von Arnims. In: Aurora. Jahrbuch der Eichendorff-Gesellschaft (46) 1986. S. 158–167.

Hösle, Vittorio: Erste und dritte Person bei Burchell und Goethe. Theorie und Performanz im zehnten Buch von *Dichtung und Wahrheit*. In: Goethe-Jahrbuch (123) 2006. S. 115–134.

Huber, Martin: Der Text als Bühne. Theatrales Erzählen um 1800. Göttingen: Vandenhoeck&Ruprecht 2003.

Jacobs, Angelika: Empfindliches Gleichgewicht. Zum Antike-Bild in Goethes *Winkelmann und sein Jahrhundert*. In: Goethe-Jahrbuch (123) 2006. S. 100–114.

Jaeger, Michael: Kontemplation und Kolonisation der Natur. Klassische Überlieferung und moderne Negation von Goethes Metamorphosedenken. In: Goethe-Jahrbuch (124) 2007. S. 60–73.

Jannidis, Fotis: Das Individuum und sein Jahrhundert. Eine Komponenten- und Funktionsanalyse des Begriffs ,Bildung' am Beispiel von Goethes *Dichtung und Wahrheit*. In: Das Individuum und sein Jahrhundert. Eine Komponenten- und Funktionsanalyse des Begriffs ,Bildung' am Beispiel von Goethes *Dichtung und Wahrheit*. Tübingen: Niemeyer 1996 (Studien und Texte zur Sozialgeschichte der Literatur, 56).

Jannidis, Fotis: Die „Bestimmung des Menschen" – Kultursemiotische Beschreibung einer sprachlichen Formel. In: Aufklärung. Ein interdisziplinäres Jahrbuch zur Erforschung des 18. Jahrhunderts und seiner Wirkungsgeschichte 14 (2002). S. 75–95.

Jannidis, Fotis: „Individuum est ineffabile". Zur Veränderung der Individualitätssemantik im 18. Jahrhundert und ihrer Auswirkung auf die Figurenkonzeption im Roman. In: Aufklärung. Ein interdisziplinäres Jahrbuch zur Erforschung des 18. Jahrhunderts und seiner Wirkungsgeschichte (9/2) 1996. S. 77–110.

Japp, Uwe: Die Identität des Künstlers. Arnims Erzählung *Raphael und seine Nachbarinnen*. In: Romantische Identitätskonstruktionen. Nation, Geschichte und (Auto-)Biographie. Glasgower Kolloquium der Internationalen Arnim-Gesellschaft. Hrsg. v. Sheila Dickson. Tübingen: Niemeyer 2003 (Schriften der Internationalen Achim von Arnim-Gesellschaft, 4). S. 217–227.

Japp, Uwe: Dramaturgie der Vertauschung. Achim von Arnims *Die Päpstin Johanna*. In: Das romantische Drama. Produktive Synthese zwischen Tradition und Innovation. Hrsg. v. dems. Tübingen: Niemeyer 2000 (Untersuchungen zur deutschen Literaturgeschichte, 103). S. 159–173.

Jeßing, Benedikt: Schillers Rezeption von Goethes *Iphigenie*. In: Goethe-Jahrbuch (122) 2005. S. 147–161.

Joo, Ill-Sun: „natürlich und zugleich übernatürlich" – die Simultanität der Selbst- und Fremdreferenz als Goethes Konzept von der Autonomie der Kunst. In: Goethe-Jahrbuch (127) 2010. S. 215–221.

Jürgensen, Christoph/Kaiser, Gerhard: „I hope I die before I get old". Überlegungen zur Inszenierung von Autorschaft beim jungen Goethe und in Philipp Stölzls Film *Goethe!* In: Goethe-Jahrbuch (129) 2012. S. 152–163.

Kaiser, Gerhard R.: Mme de Staëls *D'Allemagne* und Goethes Überlegungen zur „Weltliteratur". In: Goethe-Jahrbuch (128) 2011. S. 228–250.

Kaufmann, Sebastian: Der Dichter auf dem Gipfel der Welt. Goethes *Harzreise im Winter* als poetologisches Gedicht. In: Goethe-Jahrbuch (127) 2010. S. 25–38.

Keppler, Stefan: Im Bann der Melusine. Goethes Mythenrezeption unter den Bedingungen seines Mittelalterbildes. In: Goethe-Jahrbuch (123) 2006. S. 25–38.

Kim, Hee-Ju: Ottilie muß sterben. Zum „Ungleichnis" zwischen chemischer und menschlicher Natur in Goethes Roman *Die Wahlverwandtschaften*. In: Goethe-Jahrbuch (124) 2007. S. 85–95.

Klausnitzer, Ralf: Unsichtbare Kirche, unsichtbare Hand. Zur Imaginationsgeschichte geheimer Gesellschaften in der Vorromantik und bei Ludwig Tieck. In: Ludwig Tieck (1773–1853): „lasst uns, da es uns vergönnt ist, vernünftig seyn!" Hrsg. v. Institut für deutsche Literatur der Humboldt-Universität zu Berlin unter Mitarbeit von Heidrun Markert. Bern [u.a.]: Peter Lang 2004 (Publikationen zur Zeitschrift für Germanistik, 9). S. 71–112.

Koopmann, Helmut: Teufelspakt und Höllenfahrt. Thomas Manns *Doktor Faustus* und das dämonische Gebiet der Musik im Gegenlicht der deutschen Klassik. In: Goethe und die Musik. Hrsg. v. Walter Hettche und Rolf Selbmann. Würzburg: Königshausen&Neumann 2012. S. 167–185.

Koopmann, Helmut: Weimarer Nachbarschaften. Goethe, Schiller – und die anderen. In: Goethe-Jahrbuch (122) 2005. S. 162–175.

Korten, Lars: „Wälzen und Rollen". Goethes jambische Trimeter. In: Goethe-Jahrbuch (127) 2010. S. 57–69.

Koschorke, Albrecht: Der prägnante Moment fand nicht statt. Vaterlosigkeit und Heilige Familie in Lenz' *Hofmeister*. In: Prägnanter Moment. Studien zur deutschen Literatur der Aufklärung und Klassik. Festschrift für Hans-Jürgen Schings. Hrsg. v. Peter-André Alt et al. Würzburg: Königshausen&Neumann 2002. S. 91–103.

Koschorke, Albrecht: Poiesis des Leibes. Johann Christian Reils romantische Medizin. In: Romantische Wissenspoetik. Die Künste und die Wissenschaften um 1800. Hrsg. v. Gabriele Brandstetter und Gerhard Neumann. Würzburg: Königshausen&Neumann 2004 (Stiftung für Romantikforschung, 26). S. 259–272.

Košenina, Alexander: Schönheit im Detail oder im Ganzen? Mikroskop und Guckkasten als Werkzeuge und Metaphern der Poesie. In: „Das Schöne soll sein". Aisthesis in der deutschen Literatur. Festschrift für

Wolfgang F. Bender. Hrsg. v. Peter Heßelmann, Michael Huesmann und Hans-Joachim Jacob. Bielefeld: Aisthesis-Verlag 2001. S. 101–127.

Krause, Robert: Die Architektur des Genies. Zu Goethes Essay *Von deutscher Baukunst*. In: Goethe-Jahrbuch (127) 2010. S. 95–106.

Kreutzner, Hans-Joachim: Die *Zauberflöte* in Weimar. In: Goethe-Jahrbuch (127) 2010. S. 154–169.

Kroucheva, Katerina: „nicht Goethe-reif, sondern Goethe-morsch". In: Goethe-Jahrbuch (127) 2010. S. 234–248.

Lange, Wolfgang: Auf den Spuren Goethes, unfreiwillig. Rolf Dieter Brinkmann in Italien. In: Deutsche Italomanie in Kunst, Wissenschaft und Politik. Hrsg. v. dems. München: Fink 2000. S. 255–281.

Lauer, Gerhard/Unger, Thorsten (Hrsg.): Das Erdbeben von Lissabon und der Katastrophendiskurs im 18. Jahrhundert. Göttingen: Wallstein 2008.

Lauer, Gerhard: Der „rothe Sattel der Armuth". Talmudische Gelehrsamkeit oder die Grenzen der poetischen Technik bei Bettine von Arnim. In: Schnittpunkt Romantik. Text- und Quellenstudien zur Literatur des 19. Jahrhunderts. Festschrift für Sibylle von Steinsdorff. Hrsg. v. Wolfgang Bunzel. Tübingen: Niemeyer 1997. S. 289–319.

Lauer, Gerhard: Klassik als Epoche – revisited. Ein Beitrag zur Systematik des Epochenbegriffs. In: Mitteilungen des Deutschen Germanistenverbandes (49/3) 2002. S. 320–329.

Lauster, Martina: Vom Körper der Kunst. Goethe und Schiller im Urteil Heines, Börnes, Wienbargs und Gutzkows (1828–1840). In: Goethe-Jahrbuch (122) 2005. S. 187–201.

Liebs, Elke: Das Verfahren der Verführung. Zu Jean Pauls *Titan*. In: „Worüber man (noch) nicht reden kann, davon kann die Kunst ein Lied singen". Texte und Lektüren. Beiträge zur Kunst-, Literatur- und Sprachkritik. Hrsg. v. Hans-Christian Stillmark. Frankfurt am Main: Peter Lang Verlag 2001. S. 163–176.

Lindemann, Annette/Dunker, Axel: Achim von Arnim und die Auflösung des Künstler-Subjekts. Alchimistische und ästhetische Zeichensysteme in der Erzählung *Die drei liebreichen Schwestern und der glückliche Färber*. In: Zeitschrift für deutsche Philologie (112) 1993. S. 65–78.

Lorenz, Maren: Begehren als Krankheit oder die wahnsinnige Lust des Weibes. In: Begehren. Hrsg. v. Elisabeth Katschnig-Fasch, Johannes Moser, Elke Hammer, Adelheid Schrutka-Rechtenstamm, Christa Höllhumer und Helga Klösch-Melliwa. Graz: Inst 1996 (Kuckuck. Notizen zur Alltagskultur, 11). S. 29–34.

Lorenz, Maren: Da der anfängliche Schmerz in Liebeshitze übergehen kann. Das Delikt der „Nothzucht" im gerichtsmedizinischen Diskurs des 18. Jahrhunderts. In: Österreichische Zeitschrift für Geschichtswissenschaft (5/3) 1994. S. 328–357.

Lühe, Irmela von der: „Zutrauliche Teilhabe". Goethe und Schiller in der Essayistik Thomas Manns. In: Goethe-Jahrbuch (122) 2005. S. 202–214.

Lukas, Wolfgang: Abschied von der Romantik. Inszenierungen des Epochenwandels bei Tieck, Eichendorff und Büchner. In: Recherches germaniques 31 (2001). S. 49–83.

Lukas, Wolfgang: „Entzauberter Liebeszauber". Transformationen eines romantischen Erzählmodells an der Schwelle zum Realismus. In: Weltentwürfe in Literatur und Medien. Phantastische Wirklichkeiten – realistische Imaginationen. Festschrift für Marianne Wünsch. Hrsg. v. Hans Krah und Claus-Michael Ort. Kiel: Ludwig 2002. S. 137–166.

Maierhofer, Waltraud: Die Kupferstichsammlung zur Ausgabe letzter Hand und die „Gallerie zu Göthe's Werken" von Johann Heinrich Ramberg. In: Goethe-Jahrbuch (129) 2012. S. 122–138.

Mandelartz, Michael: Bauen, Erhalten, Zerstören, Versiegeln. Architektur als Kunst in Goethes *Wahlverwandtschaften*. In: Zeitschrift für deutsche Philologie (118) 1999. S. 500–517.

Mandelarzt, Michael: Der „Bezug auf sich selbst". Zum systematischen Zusammenhang von Literatur und Wissenschaft bei Goethe. In: Goethe-Jahrbuch (124) 2007. S. 38–47.

Mandelartz, Michael: „Harzreise im Winter". Goethes Antwort auf Petrarca und die Naturgeschichte der Kultur. In: Goethe-Jahrbuch (123) 2006. S. 86–99.

Mandelartz, Michael: Vom Gestein zur Poesie. Zum Verfahren der Steigerung in Goethes „Novelle". In: Herder-Studien Tokio (5) 1999. S. 127–159.

Markner, Reinhard: Imakoromazypziloniakus. Mirabeau und der Niedergang der Berliner Rosenkreuzerei. In: Sozietäten – Netzwerke – Kommunikation. Neue Forschungen zur Vergesellschaftung im Jahrhundert der Aufklärung. Hrsg. v. Markus Meumann und Holger Zaunstöck. Tübingen: Niemeyer 2003 (Hallesche Beiträge zur europäischen Aufklärung, 21). S. 215–230.

Markner, Reinhard: Johann Gottfried Gruber und die Ordnung des Wissens. In: Zwischen Narretei und Weisheit. Biographische Skizzen und Konturen alter Gelehrsamkeit. Hrsg. v. Gerald Hartung und Wolf Peter Klein. Hildesheim [u.a.]: Olms 1997. S. 288–318.

Martin, Dieter: Arnims Quellenkombination im *Wintergarten* (1809) Schnabels Albert Julius als Pflegesohn des Grafen von Schaffgotsch. In: Jahrbuch der Johann-Gottfried-Schnabel-Gesellschaft 1996. S. 9–31.

Martin, Dieter: „Genien" im „Gedränge". Die *Wilhelm Meister*-Lieder und ihre Komponisten. In: Goethe-Jahrbuch (128) 2011. S. 69–83.

Matuschek, Stefan: Faust und Siegfried. Mythosverständnis und Darstellungsformen bei Goethe und Richard Wagner. In: Goethe-Jahrbuch (129) 2012. S. 139–151.

Matussek, Peter: Goethe und die Verzeitlichung der Natur. München: Beck 1998 (Kulturgeschichte der Natur in Einzeldarstellungen). S. 7–14.

Matussek, Peter: Naiver und kritischer Physiozentrismus bei Goethe. In: Ästhetik und Naturerfahrung. Hrsg. v. Jörg Zimmermann in Verbindung mit Uta Saenger. Stuttgart-Bad Cannstatt: Frommann-Holzboog 1996 (Exempla aesthetica, 1). S. 223–237.

Matussek, Peter: Skepsis und Utopie. Goethe und das Fortschrittsdenken. In: Goethe-Jahrbuch (110) 1993. S. 185–208.

Mayer, Mathias: Mozart, Tod und Teufel. Gespenster-Metamorphosen in der romantischen Oper. In: Romantik. Hrsg. v. Vera Alexander und Monika Fludernik. Trier: Wissenschaftlicher Verlag 2000 (Literatur, Imagination, Realität, 26). S. 69–83.

Mayer, Mathias: Ökonomie und Verschwendung in der klassischen Lyrik Goethes. *Episteln* und *Amyntas*. In: Goethe-Jahrbuch (122) 2005. S. 62–75.

Mayer, Mathias: Warum eigentlich „Thule"? Goethes Ballade *Der König in Thule* als Ausnahme. In: Goethe-Jahrbuch (128) 2011. S. 188–197.

Mecklenburg, Norbert: „geistliche Mittel zu irdischen Zwecken". Goethes Projekt einer Tragödie über Mohammed. In: Goethe-Jahrbuch (127) 2010. S. 107–121.

Meyer, Reinhart: Von der Wanderbühne zum Hof- und Nationaltheater. In: Deutsche Aufklärung bis zur Französischen Revolution 1680–1789. Hrsg. v. Rolf Grimminger. München [u.a.]: Carl Hanser Verlag 1980 (Hansers Sozialgeschichte der deutschen Literatur vom 16. Jahrhundert bis zur Gegenwart, 3). S. 186–216.

Mülder-Bach, Inka: Die „Feuerprobe der Wahrheit" Fall-Studien zur weiblichen Ohnmacht. In: Das Laokoon-Paradigma. Zeichenregime im 18. Jahrhundert. Hrsg. v. Inge Baxmann. Berlin: Akademie-Verlag 2000 (Historische und systematische Studien zu einer vergleichenden Zeichentheorie der Künste, 2). S. 525–543.

Mülder-Bach, Inka: Kommunizierende Monaden. Herders literarisches Universum. In: Sinne und Verstand. Ästhetische Modellierungen der Wahrnehmung um

1800. Hrsg. v. Caroline Welsh, Christina Dongowski und Susanna Lulé. Würzburg: Königshausen&Neumann 2001 (Stiftung für Romantikforschung, 18). S. 41–52.

Mülder-Bach, Inka: „Schlangewandelnd" Geschichten vom Fall bei Milton und Goethe. In: Von der Natur zur Kunst zurück. Neue Beiträge zur Goethe-Forschung. Hrsg. v. Moritz Baßler. Tübingen: Niemeyer 1997. S. 79–94.

Mülder-Bach, Inka: Sichtbarkeit und Lesbarkeit. Goethes Aufsatz „Über Laokoon". In: Das Laokoon-Paradigma. Zeichenregime im 18. Jahrhundert. Hrsg. v. Inge Baxmann. Berlin: Akademie-Verlag 2000 (Historische und systematische Studien zu einer vergleichenden Zeichentheorie der Künste, 2). S. 465–479.

Müller-Tamm, Jutta: Farbe bekennen. Goethes Farbenlehre und die Berliner Wissenschaftspolitik um 1820. In: Wechselwirkungen. Kunst und Wissenschaft in Berlin und Weimar im Zeichen Goethes. Hrsg. v. Ernst Osterkamp. Bern [u.a.]: Peter Lang 2002 (Publikationen zur Zeitschrift für Germanistik, 5). S. 193–209.

Müller-Tamm, Jutta: Farbe, Sonne, Finsternis. Von Goethe zu Adalbert Stifter. In: Goethe-Jahrbuch (125) 2008. S. 165–173.

Müller-Wolff, Susanne: „von der Kunst zur Natur, von der Natur zur Kunst zurück". Goethe als Gartenkünstler und Kritiker der Gartenkunst. In: Goethe-Jahrbuch (128) 2011. S. 159–169.

Nübel, Birgit/Tröger, Beate: Herder in der Erziehung der NS-Zeit. In: Herder im ‚Dritten Reich'. Hrsg. v. Jost Schneider. Bielefeld: Aisthesis 1994. S. 51–72.

Nübel, Birgit: Knigge und seine Tochter Philippine oder Über den Umgang mit Frauenzimmern. In: Adolph Freiherr Knigge. Neue Studien. Hrsg. v. Harro Zimmermann unter Mitarbeit von Walter Weber. Bremen: Edition Temmen 1998. S. 58–66.

Nübel, Birgit: Krähende Hühner und gelehrte Weiber. Aspekte des Frauenbildes bei Johann Gottfried Herder. In: Herder-Jahrbuch 1994. Band 2. S. 29–49.

Nübel, Birgit: Menschliche Selbstbilder als Seelen- und Gesellschaftsinkarnat. Herder in zivilisationstheoretischer Perspektive. In: Johann Gottfried Herder. Geschichte und Kultur. Hrsg. v. Martin Bollacher. Würzburg: Königshausen&Neumann 1994. S. 177–190.

Nübel, Birgit: Zum Verhältnis von ‚Kultur' und ‚Nation' bei Rousseau und Herder. In: Nationen und Kulturen. Zum 250. Geburtstag Johann Gottfried Herders. Hrsg. v. Regine Otto. Würzburg: Königshausen&Neumann 1996. S. 97–109.

Nutt-Kofoth, Rüdiger: Erzähltes Leben zwischen Überlieferung und Konstruktion. Goethes *Hackert*-Biographie und das Problem des „congruenten Ganzen". In: Goethe-Jahrbuch (128) 2011. S. 198–216.

Oberlin, Gerhard: „Doch tückisch harrt das Lebewohl zuletzt." Psychische Tiefenstrukturen und Bewußtseinsschichten in Goethes Marienbader *Elegie*. In: Goethe-Jahrbuch (123) 2006. S. 135–151.

Oellers, Norbert: Goethes Anteil an Schillers *Wallenstein*. In: Goethe-Jahrbuch (122) 2005. S. 107–116.

Oellers, Norbert/Steegers, Robert: Weimar. Literatur und Leben zur Zeit Goethes. 2. Aufl. Stuttgart: Reclam 2009 (Reclam-Taschenbuch, 20182).

Oesterle, Ingrid: „Es ist an der Zeit!". Zur kulturellen Konstruktionsveränderung von Zeit gegen 1800. In: Goethe und das Zeitalter der Romantik. Hrsg. v. Walter Hinderer in Verbindung mit Alexander von Bormann und Gerhart von Graevenitz. Würzburg: Königshausen&Neumann 2002. S. 91–121.

Oesterle, Günter: Maskerade und Mystifikation im *Tiefurter Journal*: Prinz August von Gotha – Johann Wolfgang Goethe – Jacob Michael Reinhold Lenz. In: Poesie als Auftrag. Festschrift für Alexander von Bormann. Hrsg. v. Dagmar Ottmann und Markus Symmank unter Mitarbeit von Constanze Keutler. Würzburg: Königshausen&Neumann 2001. S. 43–54.

Oesterle, Günter: Romantische Ausgelassenheiten. Demonstriert an Clemens Brentano *Das Märchen von dem Dilldapp*. In: Leerstellen als Movens der Kulturwissenschaft. Hrsg. v. Natasche Adamowsky und Peter Matussek. Würzburg: Königshausen&Neumann 2003. S. 327–334.

Oesterle, Günter: Zwischen Dilettantismus und Professionalität. Goethes Gartenkunst. In: Goethe-Jahrbuch (125) 2008. S. 147–155.

Ort, Claus Michael: „Es gibt doch wohl auch Juden, die keine Juden sind". Zur Konstitution des literarischen Frühantisemitismus im späten 18. und frühen 19. Jahrhundert. In: Abweichende Lebensläufe, poetische Ordnungen. Band 1. Hrsg. v. Thomas Betz und Franziska Mayer. München: Kieser Verlag 2005. S. 71–99.

Osten, Manfred: Dr. Faust – ein Auslaufmodell der Evolution? Goethes Tragödie und die Verheißungen der Lebenswissenschaften. In: Goethe-Jahrbuch (124) 2007. S. 161–166.

Osterkamp, Ernst: Das letzte Jahr. Die Künste im Leben eines Mannes, der den Tod nicht statuierte. In: Goethe-Jahrbuch (128) 2011. S. 29–43.

Ostermann, Eberhard: Der Begriff des Fragments als Leitmetapher der ästhetischen Moderne. In: Athenäum. Jahrbuch der Friedrich Schlegel Gesellschaft (1) 1991. S. 189–205.

Pabst, Stephan: Das Bild der Idylle. Goethes Kritik an Salomon Geßners Idyllen und ihre Spuren im *Werther*-Roman. In: Goethe-Jahrbuch (127) 2010. S. 13–24.

Petersdorff, Dirk von: Ein Knabe sass im Kahne, fuhr an die Grenzen der Romantik. Clemens Brentanos Roman *Godwi*. In: Text+Kritik. Zeitschrift für Literatur (143) 1999. S. 80–94.

Petersdorff, Dirk von: „Ich soll nicht zu mir selbst kommen". Werther, Goethe und die Formung moderner Subjektivität. In: Goethe-Jahrbuch (123) 2006. S. 67–85.

Pfotenhauer, Helmut: Winckelmann und Heinse. Die Typen der Beschreibungskunst im 18. Jahrhundert oder die Geburt der neueren Kunstgeschichte. In: Beschreibungskunst – Kunstbeschreibung. Ekphrasis von der Antike bis zur Gegenwart. Hrsg. v. Gottfried Boehm und dems. München: Fink 1995 (Bild und Text). S. 313–340.

Polubojarinova, Larissa: Der Naturdiskurs in den Wahlverwandtschaften. In: Goethe-Jahrbuch (124) 2007. S. 96–104.

Prüfer, Thomas: Die Bildung der Geschichte. Friedrich Schiller und die Anfänge der modernen Geschichtswissenschaft. Köln [u.a.]: Böhlau 2002 (Beiträge zur Geschichtskultur, 24).

Reed, Terence James: „Lieben Sie mich, es ist nicht einseitig". Die Korrespondenz zwischen Goethe und Schiller. In: Goethe-Jahrbuch (122) 2005. S. 176–186.

Reinhardt, Hartmut: Ästhetische Geselligkeit. Goethes literarischer Dialog mit Schiller in den *Unterhaltungen deutscher Ausgewanderten*. In: Prägnanter Moment. Studien zur deutschen Literatur der Aufklärung und Klassik. Festschrift für Hans-Jürgen Schings. Hrsg. v. Peter-André Alt. Würzburg: Königshausen&Neumann 2002. S. 311–341.

Reinhardt, Hartmut: Das „Schicksal" als Schicksalsfrage. Schillers Dramatik in romantischer Sicht. Kritik und Nachfolge. In: Aurora. Jahrbuch der Eichendorff-Gesellschaft (50) 1990. S. 63–86.

Reinhardt, Hartmut: Die Geschwister und der König. Zur Psychologie der Figurenkonstellation in Goethes *Iphigenie auf Tauris*. In: Internationales Symposium deutsch-italienischer Studien. Johann Wolfgang von Goethe (1749–1832) zur 250. Wiederkehr des Geburtstages. Merano: Accad. di Studi Italo-Tedeschi 1999. S. 104–125.

Reinhardt, Hartmut: Prometheus und die Folgen. In: Goethe-Jahrbuch (108) 1991. S. 137–168.

Richter, Karl: Natur und Naturwissenschaften in Goethes Alterslyrik. In: Goethe-Jahrbuch (124) 2007. S. 142–152.

Richter, Sandra/Hierholzer, Vera (Hrsg.): Goethe und das Geld. Der Dichter und die moderne Wirtschaft. Frankfurt am Main: Frankfurter Goethe Haus, Frankfurter Goethe Museum 2012.

Ruprecht, Lucia: Werthers Walzer. Tanz als kulturelle Kodierung von Liebe und Intimität. In: Goethe-Jahrbuch (128) 2011. S. 44–59.

Safranski, Rüdiger: „daß es, dem Vortreflichen gegenüber keine Freyheit giebt als die Liebe." Über die Freundschaft zwischen Schiller und Goethe. In: Goethe-Jahrbuch (122) 2005. S. 25–35.

Sampaolo, Giovanni: Raum-Ordnung und Zeit-Bewegung. Gespaltene Naturerkenntnis in *Wilhelm Meisters Wanderjahren*. In: Goethe-Jahrbuch (124) 2007. S. 153–160.

Saße, Günter: „Gerade seine Unvollkommenheit hat mir am meisten Mühe gemacht". Schillers Briefwechsel mit Goethe über *Wilhelm Meisters Lehrjahre*. In: Goethe-Jahrbuch (122) 2005. S. 76–106.

Schanze, Helmut: „man möchte sich fürchten, das Haus fiele ein". Goethe und die „absolute" Musik. In: Goethe-Jahrbuch (128) 2011. S. 84–97.

Scharfschwerdt, Jürgen: Werther in der DDR. Bürgerliches Erbe zwischen sozialistischer Kulturpolitik und gesellschaftlicher Realität. In: Jahrbuch der deutschen Schillergesellschaft (22) 1978. S. 235–276.

Schawelka, Karl: Goethes erwanderte Farben. In: Goethe-Jahrbuch (125) 2008. S. 156–164.

Schlaffer, Hannelore: Wilhelm Meister. Das Ende der Kunst und die Wiederkehr des Mythos. Stuttgart: Metzler 1980.

Schmidt, Beate Agnes: Barockes Festspiel und poetische Innovation. Ernst Wilhelm Wolfs Musik zu Goethes Maskenzug *Der Planetentanz* im Kontext Weimarer Casualdichtung. In: Goethe-Jahrbuch (125) 2008. S. 174–192.

Schmidt-Funke, Julia A.: Buchgeschichte als Konsumgeschichte. Überlegungen zu Buchbesitz und Lektüre in Deutschland und Frankreich um 1800. In: Die Entdeckung von Volk, Erziehung und Ökonomie im europäischen Netzwerk der Aufklärung. Hrsg. v. Hanno Schmitt. Bremen: Edition Lumière 2011 (Presse und Geschichte, 58). S. 259–279.

Schneider, Sabine: „ein strenger Umriß". Prägnanz als Leitidee von Goethes Formdenken im Kontext der Weimarer Kunsttheorie. In: Goethe-Jahrbuch (128) 2011. S. 98–106.

Schneider, Ivo: Goethe als Vorbild für die Einstellung deutscher Bildungsbürger zur Mathematik? In: Goethe-Jahrbuch (128) 2011. S. 251–262.

Schöll, Julia: Bekenntnisse des Ich. Zum Entwurf des Subjekts in Goethes doppeltem Bildungsroman *Wilhelm Meisters Lehrjahre*. In: Goethe-Jahrbuch (125) 2008. S. 38–50.

Schönert, Jörg: Wezels und Campes Bearbeitung des *Robinson Crusoe*. Zur literarischen Durchsetzung des bürgerlichen Wertkomplexes „Arbeit" in der Literatur des späten 18. Jahrhunderts. In: Perspektiven zur Sozialgeschichte der Literatur. Beiträge zu Theorie und Praxis. Hrsg. v. dems. Tübingen: Niemeyer 2007 (Studien und Texte zur Sozialgeschichte der Literatur, 87). S. 97–112.

Schößler, Franziska: Aufbrechende Geschlechterrivalitäten und die „Verzwergung" der Frau. Zu Goethes Märchen *Die neue Melusine*. In: Bei Gefahr des Untergangs. Phantasien des Aufbrechens. Festschrift für Irmgard Roebling. Hrsg. v. Ina Brueckel et al. Würzburg: Königshausen&Neumann 2000. S. 77–90.

Schuler, Martina: Die aufgehobene Novellistik: zweimal Wahlverwandtschaften. In: Goethe-Jahrbuch (125) 2008. S. 51–63.

Selbmann, Rolf: Goethes Kehrseite. Tischbeins Aquarell „Goethe am Fenster der römischen Wohnung am Corso" als Bildmetapher einer Epochenschwelle. In: Pantheon. Internationale Jahreszeitschrift für Kunst (56) 1998. S. 195–199.

Selbmann, Rolf: Kann uns Schillers Schädel den Bildungsroman erklären? Ein etwas anderer Zugang zu Goethes *Wilhelm Meister*. In: Goethe-Jahrbuch (125) 2008. S. 193–203.

Sharpe, Lesley: Schillers *Egmont*-Bearbeitung im theatralischen Kontext. In: Goethe-Jahrbuch (122) 2005. S. 137–146.

Stein, Malte: „Frauen-Schönheit will nichts heißen". Ansichten zum Eros als Bildungstrieb bei Winckelmann, Wilhelm von Humboldt und Goethe. In: Klassik und Anti-Klassik: Goethe und seine Epoche. Hrsg. v. Ortrud Gutjahr und Harro Segeberg. Würzburg: Königshausen&Neumann 2001. S. 195–218.

Stockinger, Claudia: Dramaturgie der Zerstreuung. Schiller und das romantische Drama. In: Das romantische Drama. Produktive Synthese zwischen Tradition und Innovation. Hrsg v. Uwe Japp. Tübingen: Niemeyer 2000 (Untersuchungen zur deutschen Literaturgeschichte, 103). S. 199–225.

Takahashi, Yoshito: Goethes Farbenlehre und die Identitätsphilosophie. In: Goethe-Jahrbuch (124) 2007. S. 105–114.

Ullrich, Herbert: Goethes Skelett – Goethes Gestalt. In: Goethe-Jahrbuch (123) 2006. S. 167–187.

Unger, Thorsten: Das Klischee vom Mangel an deutschen Stücken. Ein Diskussionsbeitrag zur Internationalität des Hof- und Nationaltheaters. In: Theaterinstitution und Kulturtransfer II. Fremdkulturelles Repertoire am Gothaer Hoftheater und an anderen Bühnen. Hrsg. v. Anke Detken. Tübingen: Narr 1998 (Forum modernes Theater, 22). S. 233–247.

Valk, Thorsten: Poetische Pathographie. Goethes *Werther* im Kontext zeitgenössischer Melancholie-Diskurse. In: Goethe-Jahrbuch (119) 2002. S. 14–22.

Weitin, Thomas: Dramatischer Stil im medialen Wandel. Goethes Anwaltsschrift als stilistisches Vorbild für den *Werther*. In: Goethe-Jahrbuch (125) 2008. S. 15–27.

Wenzel, Manfred: Natur – Kunst – Geschichte. Goethes Farbenlehre als universale Weltschau. In: Goethe-Jahrbuch (124) 2007. S. 115–125.

Werber, Niels: Gestalten des Unheimlichen. Seine Struktur und Funktion bei Eichendorff und Hoffmann. In: E.T.A. Hoffmann-Jahrbuch (6) 1998. S. 7–27.

Willems, Marianne: Der Verbrecher als Mensch. Zur Herkunft anthropologischer Deutungsmuster der Kriminalgeschichte des 18. Jahrhunderts. In: Aufklärung. Ein interdisziplinäres Jahrbuch zur Erforschung des 18. Jahrhunderts und seiner Wirkungsgeschichte 14 (2002). S. 23–48.

Willems, Marianne: Wider die Kompensationsthese. Zur Funktion der Genieästhetik der Sturm-und-Drang-Bewegung. In: Euphorion (94) 2000. S. 1–41.

Wilm, Marie-Christin: Die „Construction der Tragödie". Zum Bedingungsverhältnis von Tragischem und Ästhetischem in Goethes Tragödientheorie. In: Goethe-Jahrbuch (123) 2006. S. 39–53.

Wittmann, Reinhard: Der lesende Landmann. Zur Rezeption aufklärerischer Bemühungen durch die bäuerliche Bevölkerung im 18. Jahrhundert. In: Der Bauer Mittel-und Osteuropas im sozioökonomischen Wandel des 18. und 19. Jahrhunderts. Hrsg. v. Dan Berindai et al. Köln [u.a.]: Böhlau 1973 (Studien zur Geschichte der Kulturbeziehungen in Mittel- u. Osteuropa). S. 142–196.

Wokalek, Marie: Die Krise der Phantasie zwischen Kalokagathia und Vereinigungsphilosophie. Zur Funktion Prinzessin Leonores in Goethes *Torquato Tasso*. In: Goethe-Jahrbuch (127) 2010. S. 39–47.

Wolf, Norbert Christian: „Fruchtbarer Augenblick" – „prägnanter Moment": Zur medienspezifischen Funktion einer ästhetischen Kategorie in Aufklärung und Klassik (Lessing, Goethe). In: Prägnanter Moment. Studien zur deutschen Literatur der Aufklärung und Klassik. Festschrift für Hans-Jürgen Schings. Hrsg. v. Peter-André Alt et al. Würzburg: Königshausen&Neumann 2002. S. 373–404.

Wolf, Norbert Christian: Goethe als Gesetzgeber. Die struktur- und modellbildende Funktion einer literarischen Selbstbehauptung um 1800. In: „Für viele stehen, indem man für sich steht". Formen literarischer Selbstbehauptung in der Moderne. Hrsg. v. Eckart Goebel. Berlin: Akademie Verlag 2004 (LiteraturForschung). S. 23–49.

Wolf, Norbert Christian: Polemische Konstellationen. Berliner Aufklärung, Leipziger Aufklärung und der Beginn der Aufklärung in Wien (1760–1770). In: Berliner Aufklärung. Kulturwissenschaftliche Studien. Band 2. Hrsg v. Ursula Goldenbaum und Alexander Košenina. Hannover: Wehrhahn Verlag 2003. S. 34–64.

Wünsch, Marianne: Der Strukturwandel in der Lyrik Goethes. Stuttgart [u.a.]: Kohlhammer 1975 (Studien zur Poetik und Geschichte der Literatur, 37).

Wyder, Margit: Goethes geologische Passionen. Vom Alter der Erde. In: Goethe-Jahrbuch (125) 2008. S. 136–146.

Wyder, Margit: Noch einmal: Goethe und die Eiszeit. In: Goethe-Jahrbuch (129) 2012. S. 97–121.

Zumbusch, Cornelia: Poetische Immunität in Goethes Unterhaltungen deutscher Ausgewanderten. In: Goethe-Jahrbuch (125) 2008. S. 28–37.

Personenregister

Sachregister

www.ingramcontent.com/pod-product-compliance
Lightning Source LLC
Chambersburg PA
CBHW030247100426
42812CB00002B/350